BLU⁰¹
ZINE

KB019932

작은 서점

[BLUZINE]은 어떤 잡지입니까?

[BLUZINE] 탄생에 대해 이렇게 묻는다면, 무어라고 답해야 하나, 생각을 해봤습니다. 자칫 복잡한 세상에 한 가지를 더 보태고 싶지는 않았고, 조금 낡긴 했지만 내겐 언제나 편안한 청바지처럼 여겨지는 친구 같은 잡지를 만들고 싶었습니다. 그런 바람을 담아 [BLUZINE]이라고 이름 지었습니다.

[BLUZINE]은 지금 우리의 일상에 주목합니다. 즐겁고 재미있는 일을 찾습니다. 가족과 친구와 나눌 수 있는 대화의 주제에서 크게 벗어나지 않을 만한 것들을 조금 더 관찰하고 조금 더 정리해서 담아내려고 합니다.

매 호마다 한 가지 주제를 정해 이 조그마한 책 안에서 독자 여러분과 이야기 나누고자 합니다. 주제의 성격에 따라 형식은 달라질 수 있겠지만, 무겁지 않게 어렵지 않게 관념적이지 않게 여러분께 말을 건네겠습니다.

2017년 9월, 그 첫 번째 이야기는 '작은 서점'입니다. 언젠가부터 사라졌던 서점들이 우리 동네에 하나둘 다시 등장하기 시작했습니다. 동네 책방, 독립 서점, 작은 서점 등 여러 가지 이름으로 불리지만, 우리는 가장 포괄적인 의미를 지니는 '작은 서점'이라 부르기로 했습니다.

지금부터 이 서점들의 작지만 아름다운 이야기에 귀 기울여 보시기 바랍니다.

CON TENTS

작은 서점

03   [BLUZINE]은 어떤 잡지입니까?

06   **작은 서점, 이곳에서 우리는 무엇을 할 수 있을까?**

08   **01. 책, 찾다**
시집 서점 **위트 앤 시니컬**

22   **02. 책, 길들이다**
에코페미니즘 서점 **여우책방협동조합**

32   **03. 책, 듣다**
음악·서점 **라이너노트**
INSIDE 1 음반과 함께 제공되는 해설지 '라이너 노트'의 정의와 추천음악

50   **04. 책, 떠나다**
여행 서점 **사이에**
INSIDE 2 세상에서 가장 아름다운 서점, 엘 아테네오

68   **05. 책, 상상하다**
그래픽노블 전문 서점 **베로니카 이펙트**

80   **06. 책, 엿보다**
독립 서점 **얄라북스**
INSIDE 3 느끼며, 감상하는 예술서적과 독립출판물

102   **07. 책, 만들다**
아트북 서점 B-PLATFORM

118   **08. 책, 덕질하다**
고양이책방 **슈뢰딩거**

130   **09. 책, 취하다**
향기 파는 책방 Prescent.14

140   **10. 책, 도전하다**
무인 서점 **열정에 기름붓기**
INSIDE 4 술과 책, 애독애주가가 말하는 그 매력

156   **11. 책, 모이다**
실험 서점 **서울오감도**

170   **12. 책, 휴식하다**
인천 강화도 **국자와주걱**
강원 속초 **완벽한 날들**
충청 괴산 **숲속작은책방**
광주 **동네책방숨**
경상 통영 **봄날의 책방**
제주 **만춘서점**

184   # 내 서재를 소개해
188   작은 서점 LIST

작은 서점
이곳에서 우리는 무엇을 할 수 있을까?

동네 한켠에 생겨난 작은 서점의 문을 열고 들어섰다.
주인장의 취향이 골라낸 책과 만나는 순간,
당신은 지금까지와는 전혀 다른 경험을 하게 될 것이다.
책과 음악, 책과 술, 책과 향기, 책과 휴식…
이곳에서 할 수 있는 12가지의 일을 테마로 삼아
각각의 공간이 간직한 이야기를 담아내고자 했다.
단순히 책을 사고파는 서점 본연의 기능을 넘어,
하나의 문화 공간으로 자리 잡기 시작한 작은 서점.
이곳이 당신만의 감성 아지트가 될 수 있을까?

01. 책, 찾다
詩 안에서 삶의 의미를 찾는다

시집 서점
위트 앤 시니컬

우리가 詩를 읽는 이유는 무엇인가
우리가 詩를 읽지 않는 이유는 또 무엇인가
유희경 시인의 이야기가 답이 될 수 있을까

詩에 대한 오해
"요즘 누가 詩를 읽어요?"

당신 주변에는 없을지 모르지만, 詩를 즐기는 사람은 상당수 있다. 책 한 권 내서 2천부 나가기가 힘든 요즘, 시집 서점 위트 앤 시니컬의 주인장인 유희경 시인이 시집을 내면 평균 1만 5천부 정도가 팔린다. 지명도를 감안하더라도 이것은 그렇게 많이 팔리는 정도가 아니라고 한다.

우리는 詩를 읽는 사람이 늘 마이너하다고 생각하지만, 시집은 일반 소설이나 에세이보다 그 생명이 훨씬 길다. 윤동주의 [하늘과 바람과 별과 시]가 아직도 읽히는 것을 보면 알 수 있다. 독자가 전면에 드러나지 않는다고 해서 詩를 마이너한 장르로, 비경제적인 장르라고 치부한 것은 아닌지 잠시 생각해본다. 유희경 시인은 위트 앤 시니컬이 절대 망해서는 안 된다고 한다. "그럴 줄 알았어!"라는, 당연하다는 식의 말을 듣고 싶지 않기 때문이다. 이런 오기 덕분일까? 위트 앤 시니컬은 작은 서점 중에서도 꽤 선방하고 있다.

詩가 사치?

"詩? 먹고사는 것도 바쁜데, 사치예요"

책 중에서도 제일 싼 것이 시집이다. 고가의 명품까지는 아니더라도 밥 한 끼 값밖에 하지 않는 8천원짜리 시집 한 권을 사치라고 할 사람은 없다. 그런데 왜 사람들은 詩를 읽는 것이 사치라고 할까? 아마도 詩의 감성을 들여다볼 마음의 여유가 없기 때문일 것이다. 하지만 우리가 하루 동안 휴대폰을 들여다보는 시간을 생각한다면, 사치라는 말을 입 밖에 낸 것이 부끄러워진다.

세상에는 그저 아름답다고 퉁, 치고 넘어갈 수 없는 것들이 많다. 꽃을 보고 그저 '아름답다'고 이야기하고 끝내기에는 자연이 품고 있는 꽃의 종류가 너무나 많다. 시인은 우리가 귀찮아하고, 꺼려하며, 어려워하는 사물의 본질에 좀 더 가까이 다가가고자 하는 존재다. 그래서 시인은 섬세하고, 예민하다. 그까짓 거 그냥 무시하고 살아도 되지 않느냐고 반문하는 사람이 있을 것이다. 하지만 시인은 '아니다'라고 대답한다. 우리가 먹고 사는 데 바빠서, 우리가 편하자고, 대충 얼버무리고 지나서 생겨난 문제가 얼마나 많은가. 결국 詩의 감성은 인간이 살아가는 데 놓쳐서는 안 되는 끈과도 같다.

동네 서점? 작은 서점!

"요즘 동네 서점이 인기예요"

위트 앤 시니컬은 동네 서점이 아니다. 그냥 3평 남짓한 작은 서점이다. 동네 서점이라면 그 지역에 걸맞은 다양한 역할을 해야 한다. 통영의 '남해의 봄날'이나 속초의 터줏대감인 '동아서점', 포항의 '달팽이 서점' 같은 곳처럼 말이다. 그러나 추리소설 전문 서점인 '미스터리 유니온'이나 시집 서점인 '위트 앤 시니컬'은 그저 개성을 살린 작은 서점일 뿐이다. 동네 서점이 잡지사나 신문사에서 기획으로 엮어 넣기에 좋은 단어이긴 하지만, 이 중 한두 군데만 문을 닫아도 '동네 서점 사라지다!'는 기사로 도배될 위험이 있다. 최근, 작은 서점이 많이 생겼지만, 각기 맡은 역할이 따로 있다고 생각한다.

생각의 반전
"시인이 왜 서점을 하세요?"

서점은 책만 팔아야 하는 곳일까? 위트 앤 시니컬은 프로젝트 그룹이고, 그룹의 사업 중 하나가 시집 서점이다. 공연, 기획, 전시, 모든 것을 꿈꾼다(유희경 시인은 편집자이자 극작가이기도 하다). 유희경 시인은 공간에 사람을 모아 소통하기 위해 서점 문을 열었다. 서점 없이 낭독회를 기획하는 것과 서점을 매개로 낭독회를 기획하는 것은 커다란 차이가 있기 때문이다. 다른 사람들이 트위터나 페이스북을 하듯 유희경 시인은 서점을 한다.

詩의 독자를 한데 모으고, 詩를 좋아하는 사람이 사람들의 생각보다 훨씬 많다는 것을 보여주고 싶었다. 한 공간에 사람들이 모여 詩를 낭독하고, 웃고, 떠들고, 파티를 하다 보면 詩를 좋아하는 사람이 늘어날 것이라고 믿는다. 그런 때가 온다면 위트 앤 시니컬이 있고 없고는 중요하지 않다.

고르다 vs 넘기다
"시집 한 권 추천해주세요"

서점이 가지고 있는 가장 중요한 기능은 우리가 편의에 의해서 생략해버린 과정, '책을 고르다'이다. 인터넷 서점에서 클릭 한 번으로 장바구니에 책을 담는 것은 책을 고르는 행위가 아니다. 그것은 단지 구매일 뿐이다. 요즘은 서점에서도 책을 고르지 않는다. 그저 펼쳐본다. 휘리릭, 책장을 넘기며 텍스트가 얼마나 빡빡하게 들어있는지, 어떤 그림이 들어있는지 확인한다. 책을 고른다는 행위는 목차를 찬찬히 살피고, 저자의 서문을 탐독하고, 책을 넘기다 마음을 끄는 어느 지점에서 잠시 멈춰 읽는 것이다. 책 표지가 왜 예뻐야 하는가? 책 표지는 예뻐야 할 이유가 전혀 없다. 갖기 위해 사는 책이 아니라, 꽂기 위해 사는 책이 아니라, 읽기 위해 사는 책이 되어야 한다. 그러기 위해서는 발길을 서점으로 돌려야 한다. 추천은 그 이후다.

톰의 마음
"톰, 나도 한 번 칠해보자"

마크 트웨인의 소설 [톰 소여의 모험] 첫머리에는 톰이 사고를 친 후 이모에게 야단을 맞고 울타리의 페인트를 칠하라는 벌을 받는 장면이 나온다. 일하기 너무 싫었던 톰은 한 가지 꾀를 생각해낸다. 갑자기 휘파람을 불고 콧노래를 부르며 페인트칠을 하기 시작한다. 지나가던 친구가 주말에도 일하는 톰을 놀리지만, 톰은 친구의 말을 무시하고 세상에 둘도 없는 일을 하듯 즐겁게 페인트칠을 한다. 결국 톰은 친구에게 선물을 받아가면서 페인트 붓을 넘겨준다.

발상의 전환, 비즈니스 모델 등 자기계발 강좌에서 많이 나오는 에피소드다. 하지만 유희경 시인은 톰과 친구의 마음의 움직임을 따라간다. 처음에는 진저리치게 싫었던 일이 나중에는 정말로 즐거운 일이 되어버린다. 詩도 같다. 詩를 읽는 한 사람, 그 詩를 읽는 사람 옆의 다른 한 사람, 더 나아가서는 한 공간에서 詩를 읽는 사람을 보게 되면 누군가는 의문이 들 것이다. '정말 좋은가?' 詩와 아무런 관계가 없던 사람이 궁금증을 갖게 되고, 마음을 갖게 된다. 펼쳐보라. 그 안에 당신의 詩가 있을 것이다. 우리는 아직 그 詩를 찾지 못했을 뿐이다.

위트 앤 시니컬

Name	'위트 있는 시'라고 한 말을 동료 시인이 '위트 앤 시니컬'로 잘못 알아들으면서 생겨난 이름이다. '재치'와 '냉소'야말로 모든 시의 태도니까.
Customer	20~30대(여성 : 남성 = 7 : 3), 시를 사랑하는 사람, 시를 찾는 사람, 시를 모르는 사람.
Meeting	최소 한 달에 두 번 다양한 형식의 유료 낭독회 및 이벤트가 열린다. 2만원 티켓 값엔 음료와 9천원 이하의 시집이 포함되어 있다. 낭독회 공지는 트위터, 인스타그램, 블로그에 공지한다. 낭독회에서 눈이 맞아 연애하는 커플도 있다. 좋은 모임이다.
Pluses	유통되고 있는 5만여 권의 시집 중 유희경 시인이 고르고 고른 1천 5백 종의 시집이 있다. 그중에서도 또 매일 한 권의 시집을 추천한다. '매일'은 어디까지나 원칙이다.
Weak point	카페, 다른 두 곳의 서점과 함께 공간을 공동으로 사용한다. 조용한 걸 기대해서는 곤란하다.
Popular item	유희경 시인에게 시집을 추천받을 수 있다. 이것저것 물어보더라도 당황하지 말 것. 시집을 읽을 사람에 대한 스캔이니까. 만약 시집을 읽을 수준이 안 되면 거절당할 수도 있다. 매몰차게도 말이다.

Address	서울 서대문구 신촌역로 22-8, 3층
How to go	신촌역 앞 4거리 갤러리900 건물 3층
Open	11am~11pm, 연중무휴(명절 제외)
Tel	070-7542-8972
Homepage	witncynical.net
Facebook	witncynical
Twitter	witncynical
Instagram	witncynical

잠시 어떤 시간이 지나간다

남자는 나무를 심지 않았고
나무의 둥치를 만져본 적 없고
몸을 기댄 적도 없지만
남자와 나무의 속도는 같다

그것은 당신이기도 하고
당신이 아닐 수 없기도 하다
당신이 남자와 나무를
알지 못하더라도 그러하다

—

유희경, 나무로 자라는 방법

에코페미니즘 서점
여우책방협동조합

여우책방

모래사이에
더 많아서
사막에 사는 것이다

일이다.

≪ 맨발≫
인선 52

'길들인다'는 게 뭐지?

그건 사람들 사이에서 잊혀진 것들인데,
'관계를 만든다'는 것을 의미해.
네가 나를 길들이면
우린 서로를 필요로 하게 될 거야.
너는 나에게 이 세상에
단 하나뿐인 존재가 되는 거고,
나도 너에게 세상에
하나뿐인 유일한 존재가 되는 거야.

생텍쥐베리, [어린 왕자] 중에서

서점이 이래도 되나? 시끌벅적하다

여우책방에서는 조용한 분위기를 기대하면 곤란하다. 공부 모임으로 난상 토론을 벌이기도 하고, 행사 준비로 한창인 앙상블의 음악 소리가 지하 공간을 흘러다닐 때도 있다. 어쩌면 낮술에 심취해 있는 사람을 목격할 수도 있을 것이다. 서점의 기본 조건인, 숙연하기까지 한 조용함 대신 여우책방은 활기와 에너지로 넘쳐난다.

남자 둘, 여자 셋. 여우책방은 나이도, 색깔도, 재능도, 성별도 다른 다섯 명이 모여 만든 협동조합이다. 같은 동네, 정치를 연결고리로 만난 특이한 조합이다. 그러나 다섯 명이 뭉칠 수 있었던 공통점이 있다. 어울리고, 놀고, 책 보고, 이야기를 나누는 것을 좋아한다. 여우책방에서는 평등하게 소통하고, 각자의 개성을 존중하며, 서로의 장점을 끊임없이 칭찬하며, 서로를 길들이는 유쾌한 진동이 느껴진다.

서점이야? 서재야? 그래도 콘셉트는 확실하다

여우책방은 책 좀 많은 개인의 서재 같다. 공간 한편에 여우책방이 이야기하고 싶은 '에코페미니즘'의 가치를 담은 책을 꽂았다. '여성생태주의'라는 귀에 익지 않은 이 단어는 1970년대 후반에 등장한 생태여성론으로, 자연생태계와 인간을 하나로 보고, 생명의 가치, 평등한 삶의 가치를 실현하려는 사상이다. 사람은 태어나면서 문화와 관습, 학습에 따라 길들여지게 마련이지만, 그런 억압에서 벗어나 인간의 본성을 살려 자신의 생명력을 발현하며 자유롭게 사는 것, 그것이 여우책방이 말하고 싶은 가치다.

에코페미니즘 | 마리아 미스, 반다나 시바 공저 | 1만 7천원 | 창비

막걸리 주점 쪽방 신세? 복합문화공간이다!

여우책방은 에코페미니즘을 표방하지만, 그와 관련된 책의 종수가 많지 않아 다양한 코너를 만들었다. 그중 눈에 띄는 것은 '과천 사는 이웃이 낸 책'과 '헌책방' 코너. 모두 지역, 풀뿌리, 순환, 재생의 가치를 포함한 에코페미니즘과 관련한 코너다. '과천 사는 이웃이 낸 책' 코너에는 말 그대로 동네 사람들이 낸 책이 꽂혀 있다. 현재 재건축에 들어간 과천주공아파트가 허물어지기 전, 저자가 발로 뛰어다니면서 모은 기록을 담은 독립출판물 [과천주공아파트 101동 102호]는 여우책방의 베스트셀러. 별주막 주인장의 책도 꽂혀져 있다. 사이 나쁜 딸과 떠난 히말라야 여행기 [멀고 낯설고 긴, 여행이 필요해](텍스트, 2016)다. 최근에는 공부 모임, 영화 관람, 강연 등 다양한 이벤트를 진행 중이다. 얼마 전에는 여우책방 첫 집담회인 '모성이데올로기와 모성알레르기 사이에서'를 성공리에 마쳤고, 세계적인 에코페미니스트(살림이스트)인 현경 교수가 여우책방을 찾아 강연을 진행했다. 비록 막걸리 주점의 한 귀퉁이에 책을 놓은 작은 서점일 뿐이지만, 그 위상과 당당함을 스스로 찾아가고 있는 중이다.

작은 서점? 동네 서점!

여우책방은 공유 공간이다. 막걸리 전문점 별주막과 시간과 공간을 나누어 쓴다. 아니, 정확하게는 세를 들어 산다. 그러나 흔히 말하는 갑과 을의 관계가 아니다. 서로 상생 협력해 동반성장하는 관계다. 여우책방도 특별하지만, 별주막도 평범하지 않다. 전국의 소규모 양조장을 찾아다니며 우리 농산물로 만든 막걸리를 선별해서 팔고, 지역 제철 특산물을 안주로 내는 곳이다. 별주막 주인은 공간을 나누어주는 대신 시간과 이미지를 벌고, 여우책방은 공간을 나누어받는 대신 자신들이 원하는 가치를 이야기한다. 비록 영업 공간을 할애 받아 운영하기 때문에 예쁜 서점을 기대할 수는 없지만, 막걸리주점과 어우러져 독특한 분위기를 자아낸다.

서로의 가치가 맞아떨어진 두 주체는, 영역은 전혀 다르지만 시너지 효과를 최대한 끌어내고 있다. 그 덕분인지 최근 별주막과 여우책방을 찾는 사람들이 부쩍 늘었다. 동네 사람과 에코페미니즘이 궁금한 사람, 별주막이 궁금한 사람들이 모여들며 이곳의 사람 사는 분위기는 한층 더 진해지고 있다.

책 파는 호객 행위? 책 읽는 즐거움의 전도사다

과천은 도서관 인프라가 훌륭한 곳이다. 그럼에도 작은 동네 서점인 여우책방은
무리 없이 정주행 중이다. 물론 임대료가 '거의' 공짜에 가까운 이유도 있지만,
조합원들의 서점에 대한 남다른 애정 때문이다. 여우책방은 세상을 바꾸는 방법
에는 여러 가지가 있지만, 먼저 생각이 바뀌어야 하고, 생각을 바꾸는 데는 책처
럼 좋은 게 없다는 믿음을 가지고 있다. 여우책방의 가치에 부합하고 조합원들
이 한번 '필' 꽂힌 책은 '호객 행위(?)'의 대상이 된다. 일상화된 조합원들의 호객
행위에 휘말려 얼떨결에 책을 사는 사람도 부지기수다. 하지만 이런 호객 행위
는 종종 감사함으로 돌아온다. 책을 읽는 즐거움을 다시 찾고, 몰랐던 가치에 눈
을 뜨며, 인생의 새로운 분기점을 맞게 된 독자도 분명 있기 때문이다. 좋은 것을
함께 나누는 즐거움. 그것이 여우책방의 존재 이유이며, 서로를 길들여가는 의
미다.

여우책방

Name	'여'기 '우'리, 여우. 물론 다양한 중의적 의미가 포함되어 있다. 처음에는 여자들의 우정을 생각했지만, 그렇게 되면 남자들이 배제돼서 처음의 뜻을 꺾었다. 별주막에 있는 여우. 상상력을 동하게 한다. 앞으로 더 많은 스토리가 생길 것 같은 기대감을 갖게 하는 이름이다.
Customer	동네 사람, 멀리서 찾아오는 사람, 술 마시러 온 사람.
Meeting	여성주의 공부 모임과 고전 읽기 모임이 탄탄하게 진행 중이다. 차 연구 모임, 손바느질 모임, 시 읽기 모임, 녹색평론 읽기 모임 등 살아있는 유기체가 그렇듯 크고 작은 소모임이 태어났다가 사라지고 있다.
Pluses	간단한 안주가 된다. 낮술하기에 딱이다. 1만원에 멍게, 김치전, 김부각을 즐길 수 있다.
Weak point	공간, 시간의 제약이 따른다. 그래도 할 건 다 한다.
Popular item	단연 여성주의 책들. 그리고 동네 서점답게 동네 사람들이 낸 책들이 꾸준히 잘 팔린다.
Goods	동네 주민이 만든 면 생리대. 수익보다 전하고 싶은 가치와 말을 걸고 싶은 이야기를 담고자 한다.
Menu	공정무역으로 들인 유기농 티와 핸드드립 커피 3천원, 아이스커피 3천 8백원.

Address	경기 과천시 별양상가1로 37 신라상가, 지하 1층
How to go	지하철 4호선 과천역과 정부과천청사역을 이용할 수 있다. 과천역 5번 출구로 나오면 공원을 경유해야 한다(도보 5분). 정부과천청사역 1번 출구로 나오면 번화가를 경유해야 한다(도보 3분). 선택은 자유지만, 여우책방은 과천역을 추천한다.
Open	월~토 10am~6pm (별주막은 새벽 1am까지 영업), 일 12pm~5pm
Tel	02-504-2578
Facebook	YWbooks
Instagram	YWbooks

03. 책, 듣다
음악을 보며 듣는다

음악·서점
라이너노트

책을 읽다 마주친 인생의 한 문장,
라디오에서 흘러나오는 우연한 음악 한 소절,
사소한 것에 주의를 기울이면
매일이 감동이다.

12장의 음반
그리고
12가지 질문

12장의 음반은 라이너노트에서 추천받은
[당신의 첫 번째 재즈 음반 12장](PHONO, 2012)에 실린
음반 목록입니다. KBS 클래식 FM [재즈 수첩] 진행자인 황덕호의
재즈 입문자를 위한 음반 및 곡 소개서입니다.

1 책방이 작아서 깜짝 놀랐어요.

라이너노트는 팝·재즈 레이블인 페이지터너에서 운영하는 서점이에요. 라이너노트가 있던 자리는 원래 주택 옆에 딸린 차고였어요. 작은 공간이지만, 사계절내내 예쁜 앞길이 있죠. 계속 방치되는 것이 안타까워 페이지터너가 하는 일의본질에서 벗어나지 않는 공간이 뭘까 고민했어요. 처음에는 작은 공연장을 생각했지만, 책을 좋아하는 페이지터너 사람들이 음악 서점을 해보자고 해서 만들어진 것이 지금의 라이너노트예요.

Chet Baker sings
트럼펫 연주자인 쳇 베이커의 쓸쓸한 음성과 노래

2 좁은데 피아노까지 있어 더 깜짝 놀랐습니다.

라이너노트에서 기획하는 공연 중 '손 내밀면 닿을 듯한'이라는 프로그램이 있어
요. 가까이에서 뮤지션과 함께 호흡하며 공연을 즐기고, 그 공간이 주는 분위기
를 즐길 수 있죠. 공연 후에는 해당 아티스트의 음반을 판매하기도 합니다. 최근
책장 한켠을 청음 코너로 만들었어요. 원하는 음반을 들을 수도 있고, 공연이 끝
나고 음악을 다시 들어볼 수도 있죠. 몰랐던 음악을 알 수 있는 계기도 되고요.

Lady in Satin
유언이 되어버린 빌리 홀리데이의 영혼이 담긴 거칠고 갈라진 목소리

3 라이너노트를 꾸밀 때 특별히 신경 쓴 공간이 있나요?

서점 가운데 있는 테이블과 의자요. 테이블에는 의자에 앉았을 때 손을 뻗으면 닿을 거리에 에세이와 음악가의 평전들이 놓여 있어요. 친구와 왔을 때 편하게 책 이야기를 나눌 수도 있고, 혼자 왔을 때 집중해서 볼 수도 있는 그런, 매력적인 공간이라고 생각해요.

You Must Believe In Spring
재즈 피아니스트 빌 에반스의 은밀한 피아노 선율

4 평소 서점에 깔리는 음악은 어떤 기준으로 선별하시나요?

그날의 분위기에 따라 선정하기도 하고, 추천하는 음반을 물어볼 때 맞춰서 안내하기도 해요. 비가 많이 올 때는 피아니스트 임인건의 [소혹성 B612]를 틀어두죠. 그럼 오시는 분들마다 꼭 어떤 음반인지 물어보곤 해요. 판매하는 음반은 아니더라도 시간이 있으면 자세히 설명하기도 합니다.

BASS ON TOP
베이시스트 폴 체임버스의 익숙하지 않은 묵직한 저음

5 음악 서적, 딱 떠오르지가 않습니다.
주로 어떤 책으로 구성되어 있나요?

책 종수가 많지는 않아요. 약 3백 종 정도 갖추어져 있어요. 음악가가 쓴 책, 음악가에 대한 평전, 혹은 음악을 주제로 하는 산문이나 소설 등의 책과 뮤지션의 음반들로 채워져 있어요.

quiet kenny

가슴 떨리는 음률의 케니 도햄의 트럼펫 소리

6 음악, 하면 책을 떠올리기 힘들어도
책, 하면 음악이 떠오릅니다.

책과 음반이 나오는 과정은 닮아 있어요. 그리고 전달하고 싶은 이야기와 메시지를 담고 있죠. 한 권의 책을 내기 위해 어떤 이는 평생을 바치기도 하고, 한 장의 앨범을 발표하기 위해 어떤 뮤지션은 십 년 이상을 씨름하죠. 사람들이 무심코 보다가(듣다가) 떠나버렸을 때 작가(뮤지션)들이 하고 싶은 이야기가 많이 남아 있는지도 몰라요. 책을 통해 하고 싶은 이야기와 음악을 통해 하고 싶은 이야기를 담아내고 싶어 서점 이름도 음악·서점 라이너노트예요. 작가(뮤지션)와 그 작가(뮤지션)가 작품에 대해 함께 나누려 했던 이야기를 권하고 싶어 음악과 서점 사이에 가운뎃점을 찍었어요.

SOUL STATION

행크 모블리가 들려주는 색소폰의 부드러운 조화

7 사람들이 끊임없이 음악을 찾는 이유는 무엇일까요?

음악학자 니콜라스 쿡의 [음악에 관한 몇 가지 생각]에 "음악은 그저 듣기 좋은 것만이 아니기 때문이다. 오히려 인간의 문화에 깊숙이 뿌리 내리고 있다. 언어 없는 문화가 없듯이 음악 없는 문화가 없다"라는 말이 있어요. 무척 명쾌한 해석이라고 생각했어요. 임진모 음악평론가도 음악이 리듬, 멜로디, 화성의 음악학만이 아니라 사회문화적 연구의 대상임을 믿는다고 한 적이 있어요. 음악을 찾는 건 특별한 이유가 있다기보다 삶의 일부라서 좋아한다고 생각해요.

THE GREAT KAI&J.J
위대한 카이와 J.J의 위대한 트럼본 하모니

8 8월에 음악회를 열었네요.

8월에 열린 '라운드 미드나잇 2017 Summer'는 음반 제작과 공연 기획을 하는 페이지터너에서 기획한 페스티벌이에요. 2015년부터 시작해 올해 3회째로, 파주 출판도시에 있는 지혜의 숲에서 진행합니다. 라이너노트도 지난해부터 참가했는데, 올해는 돌베개 출판사와 함께 [전복과 반전의 순간]의 저자인 강헌 작가, 재즈 전문 잡지 [재즈 피플] 김광현 편집장을 모시고 클래식 팟캐스트 [클래식 CSI] 강연회를 진행했습니다. 다양한 경험이 된 것 같아요.

TIME OUT
데이브 브루벡 4중주단의 우아함, 쿨 재즈의 대표적 명반

9 공연 이외에 라이너노트에서 진행하는 프로그램이 있나요?

음악과 관련된 활동을 하는 뮤지션이나 음악평론가의 강연을 종종 기획하고 있어요. 공연만큼 자주는 아니지만, 다양한 모임을 꾸려보려고 시도 중이에요. 올해 하반기에 예정 중인 프로그램으로 '라이너노트'를 만드는 글쓰기 강좌가 있어요. 음악평론가이자 스트라디움 부관장인 김경진 씨와 함께 자신이 좋아하는 음반에 대해 직접 해설지를 만들어 책으로 발간하는 강좌를 개설할 예정이에요.

ROUND ABOUT MIDNIGHT
트럼펫 연주자 마일즈 데이비스의 날카로운 표현력

10 혹시 추천하는 음악 관련 책이 있으신가요?

앞서 말했던 니콜라스 쿡의 [음악에 관한 몇 가지 생각]이요. 음악 일반에 대한 사고의 틀을 이야기하고 있어 무척 흥미로워요. 라이너노트 베스트셀러 [슈만, 내면의 풍경]과 핑크플로이드 음악을 좋아하는 팬들에게는 [Wish You Were Here: 핑크플로이드의 빛과 그림자]를 추천해요. 좋아하는 곡과 함께 읽으면 좋을 것 같아요.

BLUE TRAIN
존 콜트레인의 색소폰, 색소폰, 색소폰

11 라이너노트가 어떤 책방이 되길 원하시나요?

책을 좋아하는 사람에게도, 책을 자주 접하지 않는 사람에게도 이야기가 오갈 수 있는 사랑방 같은 서점이 되길 바라요.

COOL STRUTTIN'

피아니스트 소니 클락의 펑키 블루스, 맞거나 안 맞거나

12 주인장이 추천하는 '라이너노트'의 특별한 사용법이 있다면요?

서점에 들어와 마음에 드는 코너 앞에 서서 책을 몇 권 펼쳐서 읽어보세요. 음악 이야기를 다룬 이론서도 괜찮고, 소설도 좋아요. 그러다 흘러나오는 음악에 마음에 간다면 잠시 귀를 기울여보세요. 서점에 있는 잠시 동안이라도 행복하다면 라이너노트를 100% 활용하신 거예요.

with BILLY STRAYHORN AND THE ORCHESTRA

알토 색소폰 연주자 자니 호지스의 감성적 여백

라이너노트

Name	음반을 사면 따라 나오는, 음악과 연주자에 대한 해설지가 라이너노트다. 단순히 음악 서적과 음반을 판매하는 곳을 넘어 작가(음악가)와 그 작가의 작품에 대해 함께 나누는 공간이 되고자 하는 바람을 담았다.
Customer	20~40대의 책과 음악을 좋아하는 사람, 근처 회사원, 연남동 놀러 왔다 우연히 들르는 사람
Meeting	'손 내밀면 닿을 듯한'이라는 유료 공연을 연다. 사전 예약을 받으며, 참가비는 2만원이다. 한 달에 2번 정도 있으며, 라이너노트 페이스북과 인스타그램, 블로그에서 공지한다.
Pluses	엄선된 음악이 있다. 좋은 음악을 쉬지 않고 들을 수 있다.
Weak point	좁다. 그런데 좁은 만큼 장점도 있다.
Popular item	당연히 책. 앨범과 악기, 뮤지션이 그려져 있는 트럼프카드도 인기 아이템이다.
Goods	CD 1만 5천원 선.

Address	서울 마포구 성미산로29길 4, 1층
How to go	홍대입구역 2번 출구-마을버스 5번-연남동 민원센터 하차-연남동 주민센터 방면 도보 1분. 가는 길이 첩첩산중. 그만큼의 보람이 있다.
Open	월~토 12pm~7pm, 일요일은 휴무
Tel	02-337-9966
Homepage	www.linernote.co.kr
Facebook	linernote
Instagram	linernote

음반과 함께 제공되는 해설지
'라이너 노트'의 정의와 추천음악

안으로 들어가기 전 걸음을 멈춰설 수밖에 없는 곳. 잠시간의 호흡을 가다듬게 만드는 그곳에 들어가 보면 알게 된다. 보고 듣는 즐거움이 얼마나 소중한지 말이다. 연남동에 자리한 음악·서점 라이너노트는 '이곳에 서점이 있을까' 싶은 곳에 위치하고 있다. 그리고 '이런 공간에서 과연 음악이 퍼질 수 있을까' 싶을 정도의 아담한 공간으로 구성되어 있다.

사전 상 '라이너 노트'(liner note)의 의미는 '음반의 감상을 돕기 위해 앨범 내에 함께 실리는 해설'을 의미하며, 해당 앨범에 가장 정통한 평론가나 전문가가 주로 작성한다. 라이너 노트의 원고 분량은 특별한 원칙이 없지만, 보통 원고지 10매에서 30매 이내로 구성된다. 라이너 노트의 원고료는 적게는 10만원에서 30만원 사이이며, 이는 작성자의 연륜과 평가에 따라 차이를 보인다. 또한 원고를 맡긴 곳의 재정 상태와 기획의 정도에 따라 더 많은 원고료가 지급되는 경우도 있다. 국내 직배사와 몇몇 음반사의 경우에는 20여 년 전의 라이너 노트 원고료 단가가 지금도 동일하게 적용되면서 일부 평론가들의 원성을 사고 있기도 하다.

여러 장르에 걸쳐서 작성되고 수록되는 라이너 노트는 일편 '해설지'로 불리기도 한다. 과거 심야 방송 DJ 전영혁이 작성한 블랙 사바스(Black Sabbath) 출신 보컬리스트 오지 오스본(Ozzy Osbourne)의 [Tribute] 앨범 해설지는 아직까지도 전설의 해설지로 기억되고 있다. 기타리스트 랜디 로즈(Randy Rhoads)의 죽음

독자의 편의를 위해 서점명은 '라이너노트'로,
음반해설지는 '라이너 노트'로 표기합니다.

을 마주한 전영혁의 안타까운 감정과 랜디 로즈의 음악에 대한 해석이 함께 실린 이 라이너 노트는 이후 후배 평론가들에게 지대한 영향을 끼쳤다. 특히 글 말미에 자리한 "랜디는 무지개 저편에서 우리를 기다리고 있을 것이다"라는 표현은 라이너 노트가 굳이 음악과 뮤지션에 대한 해설로만 이루어질 필요가 없다는 전례를 남긴 것으로 평가된다.

1980년대 중반부터 앨범 내에 실리기 시작한 라이너 노트는 주로 음악평론가들이 작성하며 평론가들의 등용문과도 같은 기능을 지닌다. 전 [핫뮤직], [뮤직랜드], [서브]의 편집장이자 경인방송의 [한밤의 음악여행]을 진행중인 성우진은 수많은 경쟁자들을 뒤로 하고 메탈리카(Metallica)의 4집 앨범 [...And Justice For All]의 라이너 노트를 작성하며 음악평론가로 데뷔하기도 했다. 온라인에서 라이너 노트를 접할 수 있는 유일한 창구는 고해상도 음원 서비스 '그루버스(groovers.kr)'가 존재하며, 이곳에서는 여러 평론가들이 작성한 다양한 라이너 노트를 무료로 서비스 받을 수 있다.

라이너 노트라는 의미있는 용어를 브랜드로 선택한 연남동의 작은 서점 라이너 노트, 이곳에 구비되어 있고, 또 직접 가지고 가서 들으면 더 큰 감동을 느낄 수 있는 몇 곡의 음악을 추천한다.

빈스 과랄디 트리오, [My Little Drum], [Linus And Lucy]

빈스 과랄디 트리오(Vince Guaraldi Trio)가 1965년에 발표했던 앨범 [A Charlie Brown Christmas]는 애니메이션 [찰리 브라운의 크리스마스]의 사운드 트랙으로 소개되며 50여 년이 지난 지금까지도 크리스마스 시즌에 꾸준하게 판매와 리퀘스트를 잇고 있는 스테디셀러 앨범이다. 경쾌한 비트의 [My Little Drum]과 라이너스와 루시의 테마곡으로 잘 알려진 [Linus And Lucy]를 들으며 라이너노트에서 어린 시절 우리의 기억을 잠시 소환해 보자.

박성연, [바람이 부네요]

[야누스, 그 기억의 현재]는 자신의 음악이 시작되었던 클럽, 야누스를 기억하며 피아니스트 임인건이 선배 뮤지션들과 함께 완성한 앨범이다. 뉴에이지와 일렉트로닉에서 여러 실험적인 노선을 걸어왔던 임인건과 대한민국을 대표하는 재즈 뮤지션 말로와 웅산, 이원술 등이 함께했다. 수록곡 가운데 박성연이 일반인 70여 명과 함께 부른 [바람이 부네요]는 애수와 희열이 함께 하는 재즈 보컬의 명곡으로 라이너노트 창가에 비친 여러 사람들의 모습을 담은 듯 아련하다.

모차르트, [Como Scoglio Immoto Resta]
심수봉, [남자는 배, 여자는 항구]
김추자, [월남에서 돌아온 김상사]

모차르트의 마지막 오페라 작품 [코지 판 투테](Così Fan Tutte, 여자는 다 그래)는 [피가로의 결혼], [돈 조반니]와 함께 모차르트의 3대 희극 오페라로 평가받는 작품이다. 이 세 작품이 갖는 특이점은 대본을 모두 시인이자 오페라 작가인 로렌 초 다 폰테(Lorenzo Da Ponte)가 썼다는 점이다. 2막으로 구성된 [코지 판 투테]에서 가장 잘 알려진 곡은 눈앞에서 유혹을 마주한 주인공 중 한 명이 부르는 아리아 [Como Scoglio Immoto Resta](폭풍우에도 꿋꿋한 바위처럼)이다. 이 곡을 마주하다보면 두 곡의 대중가요가 동시에 연상된다. 하나는 심수봉이 부른 [남자는 배, 여자는 항구]이며, 다른 한 곡은 김추자가 노래한 [월남에서 돌아온 김상사]이다. 심수봉은 [코지 판 투테]와 반대로 '남자는 다 그래'라고 노래했으며, 김추자는 [폭풍우에도 꿋꿋한 바위처럼]보다 더 순수하고 유쾌하게 믿음을 지닌 사랑을 노래했다. 여러 사람들의 미묘한 감정을 매만지는, 음반과 책이 함께 하는 라이너노트에 모차르트와 심수봉, 김추자만큼 어울리는 음악은 또 없을 거라 생각된다.

글 | **고종석**
대중음악평론가

04. 책, 떠나다
일상에 쉼표를 찍다

_____

여행 서점
사이에

세계는 한 권의 책이다.
여행하지 않는 사람들은
그 책의 한 페이지만 읽는 것과 같다.
-

아우구스티누스

비우다 -1

여행 서점 사이에를 운영하는 조미숙 대표는 어린이책을 만드는 출판사 '하라컴퍼니'의 대표이자 20년 경력의 디자이너. 10년 동안 회사를 다녔고, 10년 동안 편집디자인회사를 운영했다. 2016년 2월에 사무실 이전을 하면서 서점을 오픈했다. 좁은 공간은 싫었고, 어차피 회의실이나 미팅룸도 필요했다. 공간을 오픈하고 싶은 마음도 있었다. 그래서 생각한 것이 서점이다. 20년간 어린이책을 만들었지만, 일을 하면서 엄마와 어린이를 상대할 수는 없어 고심 끝에 여행 서점을 열었다. 조미숙 대표가 여행을 좋아했고, 여행 중에 책을 읽고는 했던 경험에서에서 착안한 것이다.

조미숙 대표는 서점을 연 뒤 홍보를 위해 평소에 하지 않던 SNS를 한다. 익숙하지 않은 일이라 매일이 숙제 같다. 그래도 꾸준히 하다 보니 조금씩 팔로어가 늘고 있다.

비우다 -2

곁다리로 시작한 서점이 이제는 조미숙 대표의 주 업무가 되어버렸다. 디자이너가 북 큐레이터로 변신한 것이다. 때때로 우리는 이야기한다. 왜 책을 읽지 않느냐고 말이다. 하지만 조미숙 대표는 '이렇게 책 읽어보세요'라고. 책 읽는 즐거움을 제안해서 사람들이 책을 읽도록 만들어줄 필요가 있다고 말한다. 마치 평론가가 권해주는 영화를 더 잘 보게 되는 것처럼 말이다. 이곳에서는 '한 달에 한 도시'라는 코너를 운영 중이다. 예를 들어 바르셀로나가 있다. 바르셀로나와 관련된 책으로는 역시 가이드북이 있고, 세계적인 건축가 가우디의 책, 스페인 출신의 작가 세르반테스의 소설 [돈키호테]도 있다. 또 피카소도 있고, 달리도 있고, 요리도 있고, 레알 마드리드와 FC바르셀로나도 있다. 도시 하나를 중심으로 편식 없이 책을 읽을 수 있는 것이다.

큐레이팅이 괜찮으면 서점 주인장의 큐레이팅에 믿음을 가지게 될 것이고, 그러면 더 많은 사람이 서점을 찾게 될 것이다. 그렇다보니 좀 더 신중하게 큐레이팅을 하게 되고, 그러다보니 생각보다 일이 많다. 24시간이 부족하다.

55

비우다 −3

이곳에는 독립출판물이 거의 없다. 여행을 다룬 독립출판물은 대개 개인의 기록이 주이다보니 조미숙 대표의 취향과는 차이가 많다. 또 독립출판물은 저작자와 1대1 도서입출고 관리가 힘들다. 그렇다보니 대부분 온라인에서 구매할 수 있는 책이다. 그럼에도 불구하고 숨은 골목까지 일부러 찾아오거나 사이에 홈페이지에서 원가에 책을 사주는 사람들이 신기하고 고맙다. 사이에는 그런 독자들에 의해 운영된다. 그러나 사이에 오픈 첫날 온종일 판 책이라고는 달랑 2권이었다. 1만원짜리 책이라고 가정했을 때 20년 경력의 디자이너가 하루 종일 4천원을 번 것이다. 만약 수익을 기대하고 서점을 열었더라면 아마도 6개월을 넘기지 못했을 것이다. 지금도 여전히 수익은 크지 않다. 투자 기간이라고 생각한다.

채우다 +1

편집디자인회사만 운영했다면 똑같은 작업의 반복으로 일에 갇히고, 어린이책과 관련된 사람만 만났을 것이고, 결국은 매너리즘에 빠졌을 것이다. 서점을 열면서 주변 책방 주인도 찾아다니고, 작가도 만나고, 다양한 직업을 가진 독자와도 만난다. 서점은 늘 새로운 사람으로 북적이고 항상 새로운 공간이 된다. 특히 여행은 사람이 쉽게 친해질 수 있는 주제다.

사이에를 열며 이 공간에서 사람과 사람이 만나 금세 친해질 수 있기를, 여행을 매개로 많은 책을 만나기를 바랐다. 비록 허세로라도 좋으니 말이다.

연남동
책방여행

채우다 +2

2017년 4월, 연남동 다섯 군데 서점을 엮은 '연남동 책방 여행'은 조미숙 대표가 기획했다. 작가 정현주가 운영하는 '드로잉북 리스본', 뮤직레이블 페이지터너에서 운영하는 음악·서점 '라이너노트', 독립출판물 책방 '헬로인디북스', 시각예술 서적을 판매하는 '사슴책방', 그리고 '사이에'가 참여했다. 잘 나가는 책방 덕을 보려는 조 대표의 사심이 작용한 기획이기도 했지만, 어쨌든 이벤트는 성공적이었다. '연남동 책방 여행'으로 사이에를 찾는 독자가 두 배 이상 늘어난 것이다. 그래서 앞으로는 격달로 다섯 개 책방이 연계하여 다양한 이벤트를 계획할 예정이다. 처음에는 어색해 했던 다른 책방도 이제는 기꺼이 동참한다.

이렇게 서점을 운영하면서 즐거운 일이 많아졌다. 아이디어가 끊임이 없다. 조미숙 대표는 최근 '여행책 학교'를 기획하고 있다. 여행 작가를 꿈꾸는 독자들을 위해 제대로 된 커리큘럼을 짜보려고 한다. 참여도를 보아도 북토크 한 번 즐기고 가는 것과 배우는 것은 확실히 다르다.

채우다 +3

2017년 4월, [도쿄 책방 탐사]의 저자 양미석과 독자 15명이 3박 4일 동안 도쿄 책방을 찾았다. 만족도는, 기대 이상이었다. 수익은, 물론 없었다. 오히려 손해를 살짝 봤을 정도다. 하지만 하나의 도전은 또 다른 도전을 가능하게 하며, 경험은 이전에 없던 용기와 아이디어를 만들어낸다. 조미숙 대표는 이러다 정말 여행사까지 차릴지 모른다며 너스레를 떤다. 현재 2차 도쿄 책방 탐사를 준비 중이며, 천문사진작가와 별을 보러 가는 몽골탐사대 같은 제안도 들어오고 있다. 서점은 새로운 세계에 대한 모험이자 도전을 향한 문이다. 이것은 여행이라서 가능한 것이기도 하다.

아직은 어설프지만 이렇게 다양한 콘텐츠가 쌓이다 보면 3~4년 뒤에는 어디선가 빛을 발하게 될 것이라고, 조미숙 대표는 믿는다. 사이에의 성장이 기대된다.

사이에

Name	여행은 쉼표와 같다. 일과 휴식의 사이, 일상과 여행의 사이, 그 연결 고리를 강조하기 위해 '에'를 붙였다.
Customer	여행 작가, 여행을 하지 못하는 사람, 여행을 준비하는 사람, 여행을 다녀와 이야기를 하고 싶은 사람.
Meeting	여행 엽서 만들기 원데이 클래스나 맛있는 글쓰기, 북토크 등 다양한 클래스가 비정기적으로 열린다. 더 많은 클래스가 열릴 예정이다. 인스타그램을 주시하자.
Pluses	공모를 받아 매월 서점 한쪽 벽면에 '여행자의 시선'이라는 무료 전시가 열린다. '한 달에 한 도시' 코너에서는 여행 도시 가이드북과 그 도시와 연결된 다양한 문학과 예술 도서를 추천받을 수 있다.
Weak point	지리적인 단점이 있다. 찾아가기 쉽지 않다. 연남동 뒷골목에 있다.
Popular item	책방 관련 책이 효자 아이템이다. 작은 서점에 대한 사람들의 관심을 알 수 있다.
Menu	coffee 4천~5천원 tea 4천~4천 5백원, beer 7천원

Address	서울특별시 마포구 성미산로31길 13, 2층
How to go	홍대입구역에서 내려 연남동 방향으로 15분쯤 걸어야 한다
Open	월~금 10am~9pm, 토 1pm~9pm, 일요일은 휴무
Tel	070-8630-5630, 02-325-6563
Homepage	www.saie.co.kr
Blog	blog.naver.com/saiebook
Facebook	saiebook

세상에서 가장 아름다운 서점, 엘 아테네오
부에노스아이레스, 아르헨티나

라틴 문학의 아버지인 호르헤 루이스 보르헤스를 배출한 도시답게 포르테뇨('항구사람들'이라는 말로 부에노스아이레스 태생을 지칭)는 문학과 시에 깊은 애정을 갖고 있다. 이들은 여전히 킨들과 태블릿PC보다는 종이책을 선호한다. 과연 '책벌레들의 도시'라 불릴 만하다.

세계대전 당시 반사이익을 얻어 경제 호황을 누리던 부에노스아이레스는 당시 파라다이스를 찾아 모여든 유럽 이민자들의 도시였다. 덕분에 스페인어, 이탈리아어, 독일어 등 다양한 언어로 된 신문과 잡지 등 여러 간행물이 발행됐고, 경기호황으로 그만큼 출판 시장도 다양화되면서 크게 성장했다고 한다. 현재 부에노스아이레스에만 700개가 넘는 서점이 성업 중이다.

이 가운데에서 단연 돋보이는 곳이 산타페 1860번지에 있는 엘 아테네오(El Ateneo)다. '세상에서 가장 아름다운 서점'이라 불리며 전 세계 많은 이들의 시선을 끄는 이 서점은 원래 '떼아드로 그란 스플렌디드'라는 이름의 오페라 극장으로 1919년 문을 열었다. 원래 1,050명 수용 가능한 좌석 공간이 있었고, 탱고 황제 카를로스 가르델과 이그나시오 코르시니의 공연이 자주 열렸다. 문을 열고 내부로 들어서면 천장 큐폴라(돔)에 이탈리아 화가 나자레노 올란디의 프레스코 화가 그려져 있고, 트로이아노 트로이아니가 조각한 여인상 [카리아테드]가 자리해있다.

이 극장을 차린 사업가 막스구스만은 1924년에 '라디오 스플렌디드'라는 자체 라디오 채널을 개설하고 내셔널 오데온이라는 레코딩 컴퍼니를 차려 걸출한 탱고 가수들을 배출해냈지만 극장은 운영난을 피하지 못해 영화관으로 바뀌었다. 1929년에 아르헨티나에서 처음으로 유성영화를 선보이기도 했다. 하지만 곧 또다시 심각한 경영난을 겪다가 철거될 위기에 처했고, 일사(Ilhsa) 그룹이 이 극장을 임대하기로 하면서 이 극장은 헐릴 위기에서 벗어났다.

아주 약간의 보수공사만 거쳐 이 공간은 2000년에 서점으로 다시 문을 열었다. 1층부터 4층까지의 좌석이 사라지고 그 자리에는 책장이 설치됐다. 정교한 실내 장식과 천장 프레스코화, 무대커튼과 조명 등 많은 부분은 그대로 살려 1920년 대 당시의 분위기를 느끼기에는 어려움이 없다.

엘 아테네오는 2008년 영국의 가디언지에서 선정한 '세계에서 가장 아름다운 서점' 중 2위로 뽑히면서 더욱 유명세를 타게 됐는데 매년 백만 명이 넘는 사람들이 방문하는 여행명소로 인기를 얻고 있다. 이 서점을 즐기기에 가장 좋은 시간은 이른 아침이다. 서점이 한눈에 내려다보이는 2층이나 3층으로 올라가 구석에 자리를 잡고 책을 읽거나 무대 중앙에 마련된 카페에서 책을 읽으며 영화로웠던 도시의 과거를 떠올려보자. 영어도서는 생각보다 적지만, 분위기를 즐기며 시간을 보내다보면 이토록 아름다운 서점을 가진 이들이 부러워진다.

글 | **강혜원**
여행작가

05. 책, 상상하다
그림, 당신의 상상력을 자극하다

———————

그래픽노블 전문 서점
베로니카 이펙트

상상력을 동원해 말풍선에 당신만의 스토리를 입혀보세요!
그리고 뒤쪽의 페이지와 비교해보세요.
당신은 곧 두 개의 스토리를 가지게 될 겁니다.

당신만의 스토리

어른으로 훌쩍 커버린 지금, 우리에게 그림책은 왜 필요할까? 왕자가 공주를 구하기 위해 가시 숲을 헤치며 나아가고, 망토 두른 마법사가 지팡이를 휘두르고, 램프에서 나온 거인이 하늘을 나는 그림책을 보며 행복했던 어린 시절, 베로니카 이펙트의 주인장 유승보 대표는 그림책을 좋아하는 이유가 향수(nostalgia) 때문이라고 한다. 자동차 디자이너였던 아버지가 외국 출장을 다녀올 때마다 한가득 그림책을 선물했고, 영어는 몰랐지만 그림책을 보며 자신만의 스토리를 입히곤 했다.

> "엄마가 나중에 영어를 해석해주면 그게 또 커다란 감동이었죠. 내가 생각한 것도 맞고, 작가가 생각한 것도 맞는 거예요. 하나의 그림책에 두 개의 스토리를 접하는 일이 즐거웠죠."

그림은 글보다 더 직감적이다. 복잡하지 않고, 한 장면으로 많은 것을 설명하고 전달한다. 유승보 대표가 그림에 매력을 느끼는 이유다.

꿈★은 이루어진다

나의 꿈은 무엇일까? 그리고 그 꿈을 위해 우리는 무엇을 하고 있을까? 베로니카 이펙트의 공동대표인 유승보 일러스트레이터와 김혜미 작가는 공부를 하기 위해 그림책을 사 모았고, 잔뜩 쌓여 있는 책을 보며 친구가 비웃듯 한마디 한 "너네 서점할 거야?"라는 말에 힌트를 얻어 2014년 서점을 열었다. 가지고 있는 책만으로도 책방에 진열할 책은 얼추 갖춰졌다. 서점을 하면 출판사 관계자나 미술을 공부하는 사람, 디자이너, 혹은 아예 그림과 관계없는 분야의 사람들이 서점이라는 공간에 모일 수 있을 것이라고 생각했다. 생각은 적중했고, 서점으로 인해 많은 경험을 할 수 있었다. 특히 지난 7월에는 프랑스의 커플 작가인 이치노리의 사인회도 베로니카 이펙트에서 진행했다. 책 구매자에 한해 50명 선착순으로 진행한 베로니카 이펙트의 첫 사인회는 미처 인원수를 채우기도 전에 재고가 동이 날 정도로 성황을 이루었다.

모든 것은 주인장의 취향대로

또 다시 같은 질문으로 돌아온다. 어른이 된 지금 우리에겐 왜 그림책이 필요할까? 기분전환용일까? 인테리어용일까? 아니면 작가에 대한 존경심일까?

> "대치동 학원 강사 한 분이 항상 정기적으로 베로니카 이펙트를 찾으세요. 일부러 시간을 내서 오시니 너무 감사해서 왜 이렇게 힘들게 먼 길을 오느냐고 물어봤죠. 그분 말씀이, 치열하게 살다가 그림책을 한 번 보면 모든 스트레스가 사라진다더군요. 책 고르는 것 자체도 스트레스라 자신의 취향에 맞는 작은 서점을 찾아 힐링한다고요. 그게 답이 될까요?"

그래픽노블(만화와 소설의 중간 형식) 위주로 책이 구성되어 있는 베로니카 이펙트는 유승보 대표의 취향이 분명한 서점이다. 그래서 이곳에서는 작가에 대한 설명을 길게 들을 수 있다. 공동대표인 김혜미 작가는 쓸데없는 시간 낭비라고 이야기하지만, 유 대표의 생각은 다르다. 이런 시간 투자로 누군가 친구를 데리고 오고, 그 친구가 또 다른 친구를 데리고 오는 현장을 목격했기 때문이다. 그렇게라도 그림책의 독자가 조금씩 늘어나고 있다고 믿는다.

베로니카 이펙트의 생존 전략

처음 서점을 오픈했을 때는 원서만으로 책장을 다 채울 수 없어서 국내 서적도 진열했다. 그런데 의외로 반응이 좋았다. 만족하는 독자들이 있었던 것이다. 그래서 국내 책도 같이 전시했다. 지금은 국내 서적이 거의 안 보이지 않는다. 진열을 바꿨기 때문이다. 처음에는 해외 서적, 국내 서적 할 것 없이 전면 배치했지만, 지금 국내 서적은 책장에 꽂혀 있는 것이 대부분이다.

> "제 셀렉이 좋아서 오는 분도 계시지만, 제 셀렉을 이용만 하는 독자도 있어요. 요즘은 최저가 쇼핑이 발달해 국내 서적 같은 경우 굳이 작은 서점에서 살 필요가 없죠. 일반 고객들이 늘어난 만큼 서점에서 책을 본 뒤 인터넷으로 주문하는 사람이 많더라고요. 작은 서점은 원가에 팔 수 밖에 없는 구조이기 때문에 이도저도 아닐 바에는 국내 서적은 대폭 줄이는 것으로 결론을 냈죠."

작은 서점의 생존은 치열하고, 트렌드를 거스르기도 쉽지 않다. 하지만 유승보 대표는 좀 더 선정을 고심하고 배치를 잘하는 것으로 새로이 마음을 먹었다. 베로니카 이펙트의 전면 배치 칸은 매일 바뀐다.

꿈★은 계속된다

많은 사람이 작은 서점에 대해 로망을 갖지만, 현실은 전혀 다르다. 메인 잡이 없으면 서점 운영만으로는 월세 내는 것도 빡빡하다. 수익이 나도 다시 새로운 책을 사서 책장을 메꿔야 하는, 영원히 끝날 것 같지 않은 제로섬 같은 게임이다. 서점 오픈 후 만 3년이 지난 지금, 과거로 돌아가면 다시 서점을 열고 싶은 생각은 전혀 없다고 유승보 대표는 웃는다.

> "처음부터 책을 팔기 위해 서점을 열었다면 아마 고민이 깊었겠죠. 베로니카 근처는 책방 전쟁이에요. 책으로 승부한다면 질 수밖에 없어요. 결국 제가 즐기면서 서점을 운영해야 해요. 그건 작가를 살리는 거예요. 출판사가 책을 홍보하기보다 작가를 스타로 만드는 게 수익을 내는 더 좋은 방법인 것처럼 베로니카 이펙트도 제가 좋아하는 작가를 소개하는 공간으로 만들고 싶었어요."

자신이 좋아하는 작가의 책이 쌓이는 것을 보는 게 즐겁다는 유승보 대표. 서점을 운영하는 동안 기업의 갑질로 인해 뒤통수도 맞았고, 아이디어를 도용당하기도 하고, 사람들의 서툰 매너 때문에 마음이 상하기도 하지만, 이런 시간을 통해 베로니카는 조금 더 단단해졌고 현실에 대처하는 자세도 강해졌다.

> "책이 있으니 작가들이 모이고, 작가들을 통해 개인적으로도 끊임없이 자극 받아요. 그게 서점을 유지하는 이유예요. 욕심일지 모르지만, 이 작은 서점이 나중에 글로벌한 공간으로 바뀌었으면 좋겠어요."

유승보 대표는 [배철수의 음악캠프]처럼 베로니카 이펙트도 많은 스타 작가들이 오가는 명품 서점이 되길 원한다. 또한 출판사나 공연 기획 등으로 브랜드의 영역을 쭉쭉 확장하고 싶다는 생각이다. 이렇게 베로니카 이펙트와 유승보 대표는 함께 성장하고 있다.

당신의 이야기와 어떻게 다른가요?
축하합니다!
이제 당신은 두 개의 스토리를 가졌습니다.

베로니카 이펙트

Name	의미 없다. 책방 이름 같지 않아서 골랐을 뿐.
Customer	일러스트레이터, 디자이너, 작가, 관련 직장인, 지나가다 들르는 사람. 최근 일반인도 늘었다. 그러나 여전히 (세상에 아주 많은) 창작자의 비율이 조금 더 많다.
Meeting	워크숍 이외에는 특별한 모임이 없다. 유승보 대표는 모일 때 뭔가 하나라도 배워가야 한다고 생각한다. 많은 워크숍 중 프랑스 자수 워크숍이 제일 인기가 많아서 지금은 자수 워크숍만 진행 중이다. 강사가 캐릭터를 준비하고 4주간 진행한다. 충분히 '덕후' 기질이 넘치는 강좌다.
Pluses	유승보 대표의 친절한 설명을 들을 수 있다.
Weak point	대중이 뭘 좋아하는지는 관심 없다. 주인장의 관심사만 가득하다.
Popular item	국내 서적보다 해외 서적.
Goods	오픈 기념으로 만들었던 에코백. 사람들이 자꾸 찾아서 2년이 넘게 지난 후 다시 만들어졌다. 1만 5천원.

Address	서울 마포구 어울마당로2길 10, 1층
How to go	상수역 4번 출구에서 합정역 방향으로 홍대 주차장 골목 반대편 안쪽 골목
Open	월~토 11:30~20:00, 일요일은 휴무
Tel	02-6273-2748
Homepage	www.veronicaeffect.com
Blog	blog.naver.com/v_effect

06. 책, 엿보다
작품으로서 책을 감상하다

독립 서점
얄라북스

우리 모두는 작가다.
스마트폰으로 작가가 되어 작품 활동을 한다.
그 작품은 블로그에 올라가고,
인스타그램에 게재되고,
페이스북을 통해 공개된다.

그러다 어느 날
다른 사람의 작품이 궁금해져
그 세상을 슬쩍 엿보면
그건 또 그것 나름대로
의미 있는 세상이 되지 않을까.

내 맘대로 하며 산다

주로 단골이 찾으며, 멀리 지방에서 찾아오고, 그보다 더 먼 해외에서도 찾아오는 책방이 있다. 관심이 있는 사람은 온종일 있어도 다 보지 못해 안타까워 하지만, 관심이 없는 사람은 5분만 있어도 지겨운 곳이 있다. 베스트셀러를 배척하지는 않지만, 그렇다고 베스트셀러로만 채워진 곳은 아니다. 스튜디오를 함께 운영하고, 독립 출판물을 취급하고, 전시를 하고, 예술 관련 큐레이션도 한다. 운영 방식도 정형화되어 있지 않다. 하나의 단어로 요약하기 힘든 곳, 사진을 전공한 김지훈, 유상윤, 양은하 3명의 포토그래퍼가 2014년 오픈한 '알라북스' 이야기다.

요상한 것들!

알라북스는 시각 예술 중에서도 좀 더 현대 미술에 접근한 서점이다. 그냥 쓱 훑어보아서는 여느 서점과 다를 것이 없다. 하지만 찬찬히 한 권 한 권 들여다보면 호기심이 생기는 책으로 가득하다. 설명을 듣지 않으면 언뜻 이해하기 어려운 독립 출판물도 있고, 시중에서는 아예 보지 못하는 책들도 있다. 예를 들어 전시회에서 파는 책이다. 클림트의 전시회에서는 클림트 관련 전문 서적을 판다. 전시가 끝난 후 이 책은 더 이상 필요가 없어 폐기된다. 구하고 싶어도 더는 구할 수가 없게 되는 것이다. 누군가에게는 이런 책이 커다란 도움이 될 수 있을 것이라는 판단에 알라에서는 이런 책을 찾아다닌다. 운영하는 사람들만큼이나 요상한 구성이다.

아날로그적 사치

CD가 나오고 LP판은 망했다고 야단법석이었다. 스트리밍까지 일반화되었으니 LP판은 박물관에서만 볼 수 있어야 한다. 하지만 LP판은 이제 하나의 시장을 형성했다. 책도 마찬가지다. e-book이 나오면서 종이책은 곧 사라질 것이라고 했지만 그 위력은 여전하다. 사람들의 아날로그에 대한 향수는 쉬이 접히지 않는 것이다. 특히 예전보다 윤택하게 살아온 젊은 층을 중심으로 '오타쿠' 기질을 가진 마니아들이 가득하다. 과거에는 일관되게 서태지 음악을 들었다면, 지금은 취향이 제각각이다. 남들에게는 아무것도 아닌 작은 배지 하나 사려고 지방에서 서울을 찾는 것이 요즘 세대다. 이제 서점도 그런 카테고리의 하나로 분류되어 가고 있다.

작가의 통로

얄라북스에는 많은 작가들이 찾는다. 한국의 젊은 작가들이 어떤 작업을 하는지 시장 조사 겸 자료 수집을 위해 해외에서 오는 사람도 많다. 다양한 사람이 얄라북스에 모이고, 그들과 대화를 나누다 공통점을 발견하거나 재미있는 아이디어가 생기면 전시를 기획한다. 기존의 미술관은 알려진 작가 위주지만, 얄라북스는 젊은 작가, 새로운 작가에 초점을 맞춘다. 부산국제아트페어에서는 십여 명의 작가가 모여 '식물'을 주제로 전시를 했다. 상업 작가, 순수 작가들 십여 명이 모여 만들어내는 관점의 결과는 무척이나 흥미롭고 재미있었다. 그렇게 만들어진 작품은 우아한 액자가 아닌 와이어에 빨래처럼 널려 저렴한 가격에 판매되었다. 파격적 시도였다. 하지만 이런 시도야말로 지금 전시 시장에서 필요한 도전이라고 얄라북스는 생각한다.

예술과 과학

예술은 과학 기술의 발전에 따라 달라진다. 이십 년 전만 해도 사진은 필름이었다. 하지만 지금 세대들은 디지털카메라도 아닌, 스마트폰으로 작품 활동을 한다. 태어나면서 디지털 기기를 만져온 작가들은 기성세대와 바라보는 관점 자체가 아예 다르다. 과거에는 자신의 키 높이에서 사진을 찍었지만, 지금은 높이에 대한 제한이 없다. 드론 때문이다. 이처럼 사진은 세대 차를 훨씬 더 빠르게, 강하게 느끼게 하는 장르다. 그러므로 서로를 이해하기 위해서는 많은 노력이 필요하다. 얄라북스가 세대의 중간에서 그 역할을 맡았다. 분명한 지점이다.

끝장을 내다

얄라북스에서는 비정기적으로 작가 토론회가 열린다. 1~2시간 짜리 작가와의 만남이 아니다. 대부분 저녁 6시부터 시작해 12시를 훌쩍 넘기는 마라톤 토론이다. 부산아트페어에 '식물'을 주제로 참여했던 작가 십여 명이 순서대로 아침부터 온종일 토론회를 한 적도 있다. 지난해 초에 열린, 1인 출판사를 차린 전문 건축가의 세미나도 정말 흥미진진했다고 한다. 이렇게 한 사람의 작가와 대화를 나누며 깊이 파고들어가다 보면 생각해봐야 할 거리가 많아지고 배울 것도 많다. 이런 모든 토론과 전시는 얄라북스의 궁금증에서 시작되고, 따라서 비용은 무료다. 외부 전시 또한 무료다. 유료인 경우는 미리 고지하지만, 많지 않다. 참, 착한 책방이다.

모두 다 핑계다

서점은 돈이 안 된다. 얄라북스도 마찬가지다. 한 명 정도의 인건비를 버는 게 고작이다. 하지만 외국에서는 오래 전부터 작은 서점이나 문화공간이 운영되어 왔고, 특히 20대들이 활발하게 운영하는 문화공간도 많다. 단순히 책을 파는 공간이 아니라 아티스트만의 시각으로 서점을 운영하며 아트 상품을 만들기도 하고 모임을 가지기도 한다. 이런 서점은 매출이 아주 높다. 일본 같은 경우는 작은 서점이지만 대기업처럼 크게 성장한 곳도 많다. 국내에서는 단순히 책만 파는 것이 아닌, 세분화된 분야에 전문성을 가지고 다양한 시도를 하는 서점들이 이제 생겨나고 있는 단계다. 서점이 돈이 안 되는 것이 아니라 결국 변화하는 시대에 따른 운영의 문제라고 생각한다. 얄라북스의 목표는 제대로, 오래 살아남는 것이다.

얄라북스

Name 'yalla'는 아랍어로는 '함께 가자', 우즈베키스탄어로는 '노래하다'라는 의미다. 프랑스에서 가장 존경받는 종교인 중 한 명인 엠마뉴엘 수녀가 반 이슬람 정서가 팽배할 때 'yalla'를 외쳤던 일에서 이름을 따왔다. '얄라리얄라'로 기억해도 좋다.

Customer 일러스트레이터, 사진작가, 디자이너, 큐레이터 등 현대 아트에 관심 있는 사람, 얄라북스가 궁금한 사람

Meeting 한 달에 한 번 마지막 주 수요일 저녁 열리는 영화 상영회, 비정기적 작가와의 만남, 서점 내 혹은 외부 전시가 있다. 모두 무료다. 유료인 경우 미리 고지한다.

Pluses 기존 미술관이나 갤러리와는 다른, 신선하고 새로운 작가들에 대해 알 수 있다. 책은 보통 2주 간격으로 입고된다. 새로 나온 책보다 좋은 책 위주다. 촬영, 프린트, 액자 제작이 가능하며, 예약해야 한다.

Weak point 주인장들이 게으르거나 혹은 너무 바쁘다. 공지를 제때 하지 않는다. 모임에 참여하고 싶다면 얄라북스의 인스타그램에 수시로 드나들어야 한다.

Popular item 따로 없다. 원하는 책이 곧 인기 아이템이다.

Goods 서점 내 전시가 있을 때 작품을 판매하기도 한다. 저렴하게 살 수 있는 기회다. 지클리프린트로 작업된 언리미티드 에디션을 판매하기도 한다.

Address 서울 종로구 성균관로3길 11, 지하 1층

How to go 4호선 4번 출구 혜화역 15분 거리 성대입구사거리 뒤편. 트래킹 기분으로 걸어야 도착할 수 있다.

Open 주중 10am~7pm, 토 11am~6pm, 일·공휴일은 휴무

Tel 02-745-3330

Homepage www.studioyalla.com

Facebook yallabooks

Twitter yallabooks

Instagram yallabooks

느끼며, 감상하는 예술서적과 독립 출판물

Mixer Bowl

황예지 지음 | 알라북스

[Mixer Bowl]은 익숙지 않은 사진책이다.
두껍고 고급스러운 사진작품집의 외형을 갖추지도 않았고, 책 속의 사진들은 더욱 익숙지 않다. 이 책은 황예지 작가와 스튜디오알라가 함께 기획한 'LITTLE STAIRS: MIXER BOWL' 전시의 일환으로 제작되었다. 스튜디오 알라의 'LITTLE STAIRS'는 동시대 젊은 작가들의 아직 완성되지 않은 작업들의 현재를 보여주는 전시이다. 우리가 흔히 보는 많은 사진집과 전시는 정리된, 다듬어진, 그리고 이미 지나간 시대를 예전의 방식으로 담아낸 것들이 대부분이다. 이 시대에서 같이 호흡하는 작가들이 담아내는 지금의 모습은 어떤 것일까라는 궁금증이 'LITTLE STAIRS전'과 [Mixer Bowl]의 출간으로 이어졌다. [Mixer Bowl]은 황예지 작가가 몇 년 동안 감정선을 따라 채집한 장면들을 유기적으로 묶은 사진책이다. 믹서에 갈리기 전, 즉 무언가가 완성되기 전 재료가 뒤섞인 통의 모습을 하고 있는 이 책은 당신에게 조금은 당황스러울지 모르겠다. 하지만 이 세상과 우리네 삶이 말끔히 정리된 것이 더 이상하지 않은가. 500부 한정판이니 조금 서두르는 것이 좋겠다.

황예지 작가 홈페이지: www.yezoi.com

아무도 대답하지 않았다 다만 한 사람을 기억하네

홍진훤, 김연수 지음 | 사월의 눈

사진가의 사진연작과 소설가의 단편소설을 하나로 엮은 사진 소설이다.
다만 사진 소설이라는 이 새로운 형식은 이 책에서 보이지 않는다.
대신 홍진훤 작가의 말처럼 '있어야 할 것들이 없다는 것'만 보인다.
개인적으로 이 책을 펼치기 위해 상당한 용기가 필요했다.
아마 두 작가의 기록과 기억들이 내 기억 또는 약속들과 만나게 되는 것이 두려웠을 것이다.
지금 내가 할 수 있는 일이라고는 이 책을 소개하는 것일 뿐이라는 게 미안할 따름이다.

아무도

다만

한 사람을

대담하지

않았다

기억하네

싸움

민족사진연구회 지음 | Litsten to the city

1989년부터 1993년까지 있었던 싸움이 기록된 사진집.
민족사진연구회의 구성원이었던 권선기, 박승화, 송혁, 이소혜, 임석현이 촬영한 사진들을 엮은 사진집이다. 박승화가 사진을 엮고, 책의 후반부에 해제를 쓴 한홍구의 글이 실려 있다. 2017년 현재에도 싸움은 계속된다.

"남은 사진들을 다시 보며 우리는 묻게 된다. 사진 속에 등장하던 그 수많은 사람들은 지금 어디있냐고. 그때 참 젊었던 사진 속 주인공들은 기성의 권위와 질서를 뒤엎기위해 거리에 나섰다. 사진 속 주인공들은 대개 40대 후반에서 50대 후반 정도의 나이가 되었을 것이니, 당시의 젊은 그들이 뒤엎고 싶어 했던 기성세대가 되어버렸다. 이렇게 싸웠는데도 지금 이 모양으로 있는 것일까, 아니면 이렇게 싸웠기에 겨우 여기에라도 온 것일까."

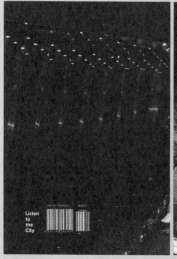

89
90
91
92
93

89

신상품 프로젝트: NEW ARRIVAL

구경거리 지음 | 구경거리

1990년대에 태어난 사진가들이 모여서 만든 사진집이다.
젊은 사진작가들을 소개할 수 있는 공간과 기회가 부족하다 느껴서 스스로 '구경거리'
를 자처하면서 만들었다고 한다. 구경거리의 첫 번째 결과물인 [신상품 프로젝트: NEW
ARRIVAL]은 제목에서 보여지듯이 백화점, 길거리, 인터넷 쇼핑몰에 매일 업데이트 되는
신상품처럼 자신을 가볍게 소개하려는 것이 목적이다. 책의 형식 또한 파격적인데 중철
제본 방식으로 만들어졌으며 무려 일반 비닐봉투에 담겨 판매된다. 그들의 사진을 보면
네팔이나 히말라야 같은 오지의 사진도 아니고, 휴머니티 가득한 제3세계를 담은 사진
도 아니며, 유명인사는 나오지도 않고, 아름다운 풍경도 아니다. 대신 [신상품 프로젝트:
NEW ARRIVAL]의 작가들은 지극히 개인적인 시선으로 각자의 삶의 구석구석을 일상적
으로 담아낸다. 개인 핸드폰 속에 기가 단위로 사진이 저장되고 각종 SNS엔 이미지들이
넘쳐나는, 그야말로 사진이 일상화된 시대에 한국의 젊은 사진작가들이 사진이라는 매
체로 어떻게 그들의 삶을 담아내고 작업하고 있는지 궁금하다면 이 사진집을 권한다.

참여 작가 | 박현성(http://parkhsung.tumblr.com). 전은정, 권희진(http://gwonheejin.tumblr.
com), 이수안(http://nauslee.com). 전인, 김이한, 전성진, 하혜리(http://imearthr.tumblr.com),
유채리, 이현주, 황예지, 함슬기

오답노트

김성룡 지음 | 물질과 빗물질

이렇게 유쾌하고 재미있는 사진집은 오랜만이다.

일반적으로 우리가 보는 신문이나 보도매체들의 사진들은 우리에게 전달되기까지 많은 선택과 필터링을 거쳐 연출된다. 이제는 사진이 진실이라고 생각하는 사람은 거의 없는 듯 하지만 그 연출된 사진들은 아직도 '정답'과 '진실'처럼 보이려 노력한다. 알면서도 속아주는 사람들과 속지 않을 줄 알면서도 속이는 자들의 이 우스꽝스런 풍경들은 이 사회의 질서처럼 유지되어왔고 앞으로도 그럴 것이다. 김성룡 작가가 19년동안 써온 [오답노트]는 사진기자로서 외도를 한 작업들을 모아놓은 사진집이다. 작가는 머리말에 "'사진기자로서의 나'와 '사진가로서의 나' 사이에서 20년 가까이 방황하고 있다"라고 하는데 그 방황의 흔적들이 [오답노트] 안에 고스란히 담겨 있다. 행사장에 정해진 위치를 지시하는 절대권력 스티커를 무시하고 그 스티커에 카메라를 들이대는 이 능청스럽고 끼 많은 사진작가의 작품집은 그동안 한국에서 보기 힘들었던 정말 반가운 사진집이다.

오답노트
The Wrong Answer Note

김성룡
Kim Seangryong

07. 책, 만들다
소량이기에 소중하다

아트북 서점
B-PLATFORM

B - PLATFORM의 7가지 가치

Book　　　책
Beautiful　아름다움
Beyond　　너머
Basic　　　근본, 기초
Begin　　　시작
Balance　　균형
Bind　　　묶다

책의 예술 가치를 이야기하는 공간

B-PLATFORM은 작가들이 책을 직접 만들어 볼 수 있는 서점이다. 한 권에서 백 권까지 책을 만드는 스튜디오와 책의 예술 가치를 전시할 수 있는 갤러리가 함께 운영된다. 작가들의 책은 서점에서 소개되고 판매된다. 한정본의 아티스트 북부터 작가주의 그림책, 아트북 컬렉션까지 국내에 단 한 권밖에 없는 수입 책도 있다. 2015년 서울 아트북 페어 참가 이후 가능성을 엿본 북 아티스트 김명수와 그림책 작가 손서란이 일 년여를 준비해 마련한 공간이다.

"서적 예술에 대한 인식이 낮다."

작가는 작품의 가치를 인정받기 위해 예술 활동을 한다. 서적 예술에 있어 대중의 관심과 인식이 낮은 문화 속에서 작품 활동은 축소될 수밖에 없다. 좋은 작가 뒤에 시장이 형성될까? 좋은 시장이 만들어져야 좋은 작가가 나올까? 결국, 닭이 먼저냐 달걀이 먼저냐 하는 논쟁이다. 우리가 결정한 대안은 '행동'이다. 뭐든 시작하는 것.

기성품과 맞춤 제작

대형서점에 기성품이 있다면 B-PLATFORM에는 맞춤 제작한 책이 있다. 기성품은 값싸고 빠르다. B-PLATFORM에서 제작하는 책은 작가들과 협업해 직접 제작하기 때문에 느리고, 상대적으로 비싸다. 똑같은 원고를 가지고도 다양한 형태의 책을 가제본해보고, 베스트 출력하며, 그 책만을 위한 맞춤 제작을 한다. 그렇게 한정본의 책을 만들어 소장 가치를 더한다.

"아는 만큼 보인다"

아무리 좋은 작품이라고 해도 대중이 보았을 때 이해할 수 없다면 종이 묶음에 불과하다. 전시회는 단순히 'exhibition'의 목적이 아니라 'education'의 역할도 할 수 있어야 한다. 서점은 독자를 직접 만나는 공간이다. B-PLATFORM은 작가가 어떤 의도로 책을 만들었는지, 그 예술적 가치를 이야기하는 공간이다. B-PLATFORM에서 책을 보고 감동을 한다면 그 사람은 앞으로 책의 예술 문화를 소비하는 소비자가 될 것이다.

온라인 서점이 결코 할 수 없는 것

온라인에서는 책을 쉽고, 편리하게 구입할 수 있다. 반면 오프라인 서점은 책을 찾는 데도 시간이 걸리고, 구입 후에도 무겁게 들고 와야 한다. 그럼에도 불구하고 오프라인 서점이 필요한 이유는 종이의 질감부터 인쇄, 형태까지 직접 만지고, 넘기며 책의 소장 가치를 발견할 수 있기 때문이다. 이것은 결코 미리보기를 통해서는 알 수 없다.

"비싸다. 팔리나?"
과연 팔릴까 싶은 고가의 책도 팔린다. 이런 신호는 많은 작가에게 자신감을 준다. 새로운 실험과 시도를 하게 한다. 과거에는 작가들이 책을 만들어도 소개할 경로가 없었다. 1년에 한두 번 열리는 전시회가 전부였다. 홍보도 작가들이 맡아 진행하다 보니 관람객도 적고, 책도 안 팔렸다. 작가들은 안 팔릴 것을 생각해 유일본을 만든다. 안 팔리니까 안 만들고, 안 만드니까 안 팔리고. 그래서 더욱 이런 플랫폼이 필요했다.

책의 소장 가치

과거에는 책이 유일한 정보 기록물이자 미디어였다. 그래서 많은 사람이 책을 읽었고, 소장했다. 지금은 휴대폰을 가지고 소설을 원작으로 한 영화를 보는 다중 미디어 시대에 살고 있다. 정부가 복지국가를 지향하면 할수록 공공도서관이 늘어나고 국민 누구나 쉽게 책을 읽을 수 있다. 그런데 우리는 왜 책을 소장하는 걸까.

"소장하는 게 아닌 읽는 것"
1935년 펭귄북스 창립자 앨런 레인이 이렇게 말했다. 펭귄북스하면 떠오르는 이미지는 페이퍼백, 문고본이다. 하지만 한 세기가 지난 지금 펭귄북스는 소장본의 하드커버 북 클로스 시리즈를 내놓고 있다. 이제 책은 단순히 읽기 위한 대상으로 머물지 않는다. 우리는 다시 책의 소장 가치를 말한다.

집 한 채 값의 책

14세기 기록을 보면 서양에서 책 한 권을 집 한 채와 바꿨다는 기록이 있다. 같은 시기 고려 시대의 기록을 보면 책 한 권을 쌀 한 되와 바꿨다는 기록이 있다. 이렇게 책의 가치에 차이가 있었던 이유는 책을 만드는 재료와 방법에 있다. 서양은 동물의 가죽을 사용해 기록했고, 동양은 일찍이 종이를 만들어 사용했다. 인쇄 방법도 필사와 활판 인쇄술의 차이가 있었다. 제본 역시 한 번에 구멍을 내고 묶어내는 선장본 방식과 제본틀을 사용해 한 땀 한 땀 엮는 양장본의 방식으로 빙법도 달리했다. 시대와 환경마다 책은 그 가치를 달리했다. 우리는 과연 어떻게 책의 가치를 만들어 갈까?

"책도 작품이다."

책을 험하게 보는 사람들이 있다. 한 손에 커피를 들고 책장을 넘겨 불안하게 하고, 책이 펴질 때까지 손으로 힘껏 누르고 사진을 찍는다. 서점 유리 케이스에 붙은 "열람을 원하시면 직원에게 문의해주세요"라는 문구를 무색하게 만든다. 손부터 밀어넣어 이내 흰 종이에 얼룩을 묻힌다. 이렇게 망가진 책이 한두 권이 아니다. 서점 입장에서는 사지 않아도 좋으니 훼손만은 제발, 이라는 염려 섞인 탄식이 터져 나올 만하다. 책에 대한 예의도 이제 한번쯤 생각해보아야 할 때다.

B-PLATFORM

Name	Book, Beyond, Beautiful, Basic, Balance, Begin, Bind의 7가지 철학을 전하기 위한 플랫폼을 의미한다. 그중에 제일은? 당연히 Book이다.
Customer	디자이너, 그림책 작가, 사진작가 등 시각 예술 관련 종사자 및 예술 서적에 관심을 가진 독자. 책을 만들어보고 싶은 작가.
Meeting	팝업의 기본 원리를 배우는 '팝업 워크숍', 책을 실제 제본해보는 '북바인딩 워크숍', 그림책 이야기 모임 '그림책 중독자들의 모임' 등 '중독자들의 모임' 등이 있다.
Pluses	아트북 서점 공간 이외에도 책을 만들어볼 수 있는 스튜디오와 책만을 전시하는 갤러리가 있다.
Weak point	3층이다. 엘리베이터가 없다. 걸어 올라가야 한다.
Popular item	책 만드는 서점답게 '북바인딩 워크숍'이 가장 인기다. 주 1회 8주 과정으로 진행된다.
Goods	아트 포스터, 엽서, 배지, 에코백, 책 만드는 도구
Menu	음료 셀프바가 있다. 수익금은 작가를 지원하는 데 사용한다.

Address	서울특별시 마포구 독막로2길 22, 3층
How to go	합정역 7번 출구 도보 5분
Open	화~일 1pm~9pm, 월요일은 휴무
Tel	070-4001-8388
Homepage	www.b-platform.net
Blog	blog.naver.com/b-platform
Facebook	bplatform
Instagram	bplatform
Twitter	bplatform1

08. 책, 덕질하다
당신을 더 알고 싶어서

본격 1호
고양이책방
슈뢰딩거

덕후 오픈사전

1. 일본어 오타쿠(御宅)를 한국식으로 발음한 '오덕후'의 준말이다. 오타쿠의 의미로도 사용되지만, 어떤 분야에 몰두해 마니아 이상의 열정과 흥미를 가지고 있는 사람이라는 긍정적인 의미로도 쓰인다.

덕질 오픈사전

1. 자신이 좋아하는 분야에 심취하여 그와 관련된 것들을 모으거나 찾아보는 행위를 이르는 말.

고양이를 좋아하나?

고양이를 세 마리 키우고 있다. 고양이를 키운 건 3년 정도밖에 안 되었지만, 고양이가 좋다. 첫째는 남편 지인이 구조한 고양이가 새끼를 세 마리 낳아서 그중 한 마리를 입양했다. 둘째는 인터넷 커뮤니티에서 기숙사에 들어가게 되어 고양이를 못 키우게 된 학생에게서 입양했다. 셋째는 서점 근처에서 누가 유기한 고양이다. 하얀 고양이었는데, 아무리 봐도 길고양이 덩치도 아니고, 배도 늘어져 있고, 중성화도 되어 있었다. 사람 손도 잘 타고 애교도 많았다. 그렇게 우리 가족이 되었다.

고양이 서점을 연 계기는?

직장을 그만두고, 무엇을 할까 고민했다. 고양이도 좋고, 책도 좋고, 그래서 서점을 하면 되지 않을까 생각했다. 문헌정보학이 전공이라 책과 가깝기도 했다. 어차피 집에 가만히 앉아 돈을 벌지 않거나 서점을 하면서 제로섬 게임을 하거나 시간의 흐름은 같다. 하지만 마음속에는 손해를 보지 않을 것이라는 '근자감'이 있었다. 고양이를 좋아하는 사람들의 파워를 믿었다.

강아지도 같이 다루면 더 좋지 않나?

슈뢰딩거에 와서 고양이 책도 있고, 강아지 책도 있고, 금붕어 책도 있다면 그건 동물 서점이다. 서점의 정체성이 사라진다. 작은 서점은 뚜렷한 것이 좋다. 강아지는 키우지도 않고, 잘 모른다. 슈뢰딩거는 내가 관심 있고 재미있어 하는 것을 주제로 사람들과 소통하려고 만들었다. 모르는 것에 대해서는 하고 싶지 않다.

고양이 서점이 많이 생겼다.

서점을 시작하기 전에 조사를 해보니 고양이 서점이 있었다. 그런데 막상 찾아가보면 갤러리 겸 카페이거나 이름만 고양이 서점이었다. 고양이 서점다운 서점은 없었다. 본격 1호 고양이 서점은 슈뢰딩거.

얼마나 준비했나?

몇 개월 걸렸다. 국내에는 고양이 서점이 없어 일본을 직접 찾아갔다. 고양이 서점도 보고, 특색 있는 서점도 보고, 목록도 만들었다. 그 외에도 해외 중고 사이트, 아마존 등을 꼼꼼히 살폈다. 가장 걱정은 고양이 콘텐츠로만 서점을 채울 수 있을지였다. 국내서 같은 경우는 제목, 목차, 키워드에 고양이가 들어가는 것을 추려서 리스트를 뽑았다. 3천권 정도가 나왔다. 생각보다 많은 데 놀랐다. 예를 들어 이수진의 소설 [취향입니다 존중해주시죠]는 제목이나 목차에 고양이라는 단어가 아예 없다. 하지만 고양이가 다뤄진다. 제대로 된 콘텐츠를 제공하고 싶었고, 그만큼 힘들었다. 현재 슈뢰딩거에는 약 3백 종의 책이 있다.

서점을 열면서 특별히 신경을 쓴 공간, 독특한 SPOT이 있나?

2016년 5월 신설동에서 가오픈을 하고, 6월에 정식 오픈을 했다. 2017년 4월에 대학로로 확장 이전했다. 이전 공간은 지금 공간의 절반밖에 안되었다. 이전하면서 한쪽 벽면 전체를 전시 공간으로 사용하고 있다.

서점으로 1년 안에 확장까지 하다니 대단하다. 많이 버나?

순수익은 나고 있다. 수익을 시급으로 환산하면 2천원이다. 혼자서 일하다가 대학로로 이전하면서 동업자가 생겼다. 매니저도 시급 2천원이다. 내가 주 5일, 매니저가 주 3일 일한다. 서점 안 하고 집에 가만히 있는 편이 이득일 때도 있다. 하지만 집에 있었어도 흘렀을 시간이다. 시간은 흘러가고 그 시간은 내 안에 쌓인다. 경험은 결국 내 것이 된다.

시급 2천원으로 기부도 하나?

수익 일부를 한국고양이보호협회 등 동물보호단체에 정기적으로 기부하고, 비정기적으로도 기부한다. 서점 안에 있는 기부함에 모이는 돈은 100% 기부한다. 고양이가 없었으면 고양이 서점도 못했을 텐데, 사회 환원이라기보다 고양이에게 환원하는 것이다. 길고양이 사업을 못하기 때문에 그런 일을 하는 단체에 기부하는 것뿐이다.

동업자가 생겨서 일이 줄었겠다.

일이 분담이 되긴 하지만, 공간이 늘어난 만큼 할 일도 배가 되었다. 이전에는 전시도, 카페도, 클래스도 없었다. 온라인 손님도 늘었다.

운영상 어려운 점은 없나?

콘텐츠 채우기가 쉽지 않다. 문학 서점, 여행 서점 등은 업데이트가 빠르다. 고양이 관련 콘텐츠는 한 달에 10여 권 정도 나온다. 그중에서 좋은 콘텐츠를 골라야 한다. 처음 방문하고 두 번째 방문했는데 콘텐츠가 똑같으면 세 번째는 안 온다. 그래서 전시회도 하고, 클래스도 하고, 해외 서적도 항상 체크한다.

해외 서적은 어떻게 가지고 오나?

일본에 정기적으로 간다. 우리나라와 달리 해외에서는 목차도 저작권 침해로 보고 제공하지 않는다. 온라인으로 책을 주문한 적이 있는데, 생각과 다른 경우가 많았다. 이후로는 직접 간다. 일본은 현재 '네코노믹스'라고 해서 제2의 고양이 열풍이다. 경제 규모가 20조 원이 넘는다고 들었다. 보고 배울 게 많다.

사람들은 왜 굳이 작은 서점을 찾을까?

'덕질'하기 위해서다. 사람도 마찬가지다. 자녀가 있는 사람들은 아이 있는 사람들끼리 이야기하는 것이 재미있다. 아이가 없는 사람에게 아이 이야기를 하면 상대방도 귀찮고 말하는 사람도 머쓱하다. 말도 안 통한다. 내가 고양이가 예뻐서 예쁘다고 말해도 상대가 관심이 없으면 시큰둥해진다. 여기 오는 사람들은 고양이를 좋아하거나 관심이 있는 사람이다. 손님들끼리 "고양이가 문제를 일으켜 말썽이다", "그럴 땐 이런 방법을 써봐라" 하며 서로 꿀팁을 전하는 것도 종종 본다. 기본적인 공감대, 유대감이 있다. 여기서는 눈치 보지 않고 마음껏 감정을 분출할 수 있다. 개인적으로 보람을 느끼고 뿌듯하다.

1년 전과 다른 점이 있다면 무엇인가?

처음부터 욕심은 없었다. 서점하는 사람 치고 큰돈 벌겠다는 사람 못 봤다. 물론 돈을 많이 벌면 좋겠지만, 2년 동안 적자 볼 각오를 했기 때문에 1년 안에 자리 잡은 것을 감사히 생각한다. 오픈 1주년 기념 북클립도 만들고, 에코백도 제작했다. 앞으로 자체 제작 상품을 많이 만들 것이다.

최근의 작은 서점 열풍을 어떻게 생각하나?

지난 10여 년간을 돌아보면 게스트하우스, 카페 같은 식의 열풍은 항상 있어왔다. 이번에는 서점인 것 같다. 그러나 책을 좋아하지 않으면 창살 없는 감옥처럼 느껴질 수 있다. 서점은 손님들과의 약속이다. 매일 같은 시간에 출퇴근해야 한다. 서점이라는 공간을 사랑해야 한다.

목표가 있나?

'종합고양이덕질센터'를 만들고 싶다. 서점, 고양이 소품숍도 하면서 유기묘 보호소, 입양 카페도 하고, 고양이 관련 작가들에게 작업실도 내주고 싶다. 일종의 종합 고양이 타워다. 죽기 전에 하게 될까?

슈뢰딩거가 어떤 서점으로 남았으면 좋겠나?

마음껏 고양이를 덕질할 수 있는 공간, 덕심을 분출할 수 있는 공간이 되길 바란다. 항상 하는 말이지만, 덕질은 함께해야 제맛이다. 혼자 '아, 귀엽다'하는 것과 여러 명이서 '아, 귀엽다'하는 것은 감정의 폭발력이 다르다. 즐거운 기억으로 남으면 좋겠다.

슈뢰딩거

Name   유명한 '파블로프의 개' 실험처럼 '슈뢰딩거의 양자역학 사고'라는 고양이 실험이 있다. 고양이를 청산가리가 들어 있는 상자에 넣는 실험이다. 끔찍하다고? 다행히 사고와 이론만으로 진행되는 실험이다. 상징적인 이름이다.

Customer   고양이를 사랑하는 사람, 고양이에 흥미 있는 사람, 고양이에 흥미 있는 사람. 초등학생부터 자녀가 다 커서 취미 활동이 가능해진 50~60대까지, 고객층이 폭넓다.

Meeting   두 가지 '냥덕모임'이 있다. 첫 번째는 일본어 원서 읽기 클래스다. 선생님을 초빙해 일주일에 한 번 그림책으로 일본어를 공부한다. 두 번째는 '묘한 쓰기 살롱'으로 글쓰기 모임이다. 역시 일주일에 한 번이다. 고양이에 관해 어떤 글이라도 쓸 수 있다. 메일로 신청 받는다. jibsa@catbook.com

Pluses   고양이 관련 책만 있다. 문학, 에세이, 실용서, 사진집, 아트 프린트 등 다양하다. 충동구매가 가능하다.

Weak point   고양이 책만 있다. 여기서 베스트셀러나 스테디셀러를 찾으면 곤란하다.

Popular item   프랑스 작가 시도니 가브리엘 콜레트의 [암고양이] 같은 문학 서적이 의외로 잘 나간다.

Goods   북클립 8천원, 엽서 1천원~2천원, 에코백 1만 5천원

Menu   커피 4천원, 아이스커피 4천 5백원, 허브티·레모네이드 4천원

Address   서울 종로구 낙산길 19

How to go   혜화역에서 낙산공원 가는 길 쪽으로 있다. 오르막길이라 숨차다.

Open   화~일 1:30pm~9pm, 월요일은 휴무

Tel   070-5123-2801

Homepage   www.catbook.co.kr

Instagram   catbookstore

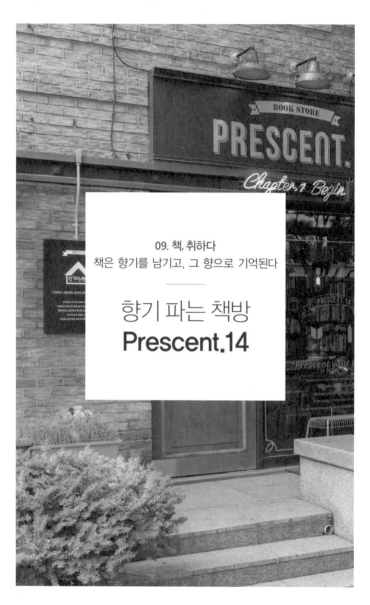

09. 책, 취하다
책은 향기를 남기고, 그 향으로 기억된다

향기 파는 책방
Prescent.14

책장을 넘길 때마다
공기를 진동하는 종이 냄새.
책의 냄새에 집착하게 되는 것은 사실
오래되고 케케묵은 종이 냄새 때문이 아니라
책 속에 담겨 있는
'그 어떤 것'에 대한 은밀한 기대감 때문이 아닐까.
당신이 읽었던 책은
어떤 향으로 기억되고 있는가?

PRESCENT.14

향기파는책방

"사랑하는 사람에게, 당신의 이야기를 선물하세요"

프레센트 14는 향기로운 선물을 통해
우리들의 이야기가 공유 될 수 있도록 노력합니다.
책방이라는 공간에서 만나는 다양한 이야기들과
향기에 담은 말없는 말들이
우리들 삶의 작은 위로가 되기를 바랍니다.

책, 향기를 드러내다

어떤 사람에게 책은 그저 '하얀색은 종이, 까만색은 활자'인 쓸모없는 물건에 지나지 않는다. 하지만 어떤 사람에게는 인생을 송두리째 바꿀 만한 힘을 가지고 있는, '가장 싼' 컨설턴트이기도 하다. 향기를 파는 책방인 Prescent.14의 주인장 최승진 씨도 군대에서 운명의 책을 만난 케이스다. 전역을 앞두고 고민이 깊었던 시절, 파트리크 쥐스킨트의 [향수]를 읽고 자신을 표현하는 도구로써 향에 매력을 느끼고 조향사의 길로 들어서게 되었다.

모든 향에는 스토리가 있다. 향을 맡는 순간 아침 이슬에 젖은 숲 속이 느껴지거나 흐드러지게 핀 꽃밭, 살랑이는 바람의 속살이 느껴지는 것도 향마다 감춰진 베이스 스토리가 있기 때문이다. 향을 만드는 데 책이 기초가 되었으면 좋겠다는 생각과 향을 만들고 시향할 공간이 필요했던 시점이 자연스럽게 엮이며 Prescent.14는 2016년 문을 열게 되었다.

[그리스인 조르바], [어린왕자], [냉정과 열정 사이], [웨하스 의자] 등 Prescent.14에는 최승진 씨가 읽고 해석한 7가지의 향이 전시되어 있다. 달콤하기도 하고, 시원하기도 하며, 알싸하기도 하다. 어떤 조합으로 탄생하게 될지 모를 미지의 향은 앞으로 계속될 개발될 예정이다.

향수 : 어느 살인자의 이야기
파트리크 쥐스킨트 | 열린책들
1만 2천 8백원

가까이, 하지만 어렵게

Prescent.14는 홍대에서 버스를 타고 양화대교를 건너야 한다. 대로변에 면해 있지 않다. 지나가다 들를 수 있는 서점이 아니다. 수고를 들여 찾아야 하는 곳이다. 최승진 씨는 바글바글한 서점보다 책을 사야겠다는 생각이 들 때, 누군가에게 선물해야 할 때, 한 달에 한 번이라도 꾸준히 찾을 수 있는 서점이 되길 원했다. 대신 문턱은 낮고 책에 대한 거부감을 없애고 싶었다. 그래서 Prescent.14는 언뜻 보면 서점처럼 보이지 않는다. 흥미로운 요소가 곳곳에 배치되어 있다. 책을 읽고 싶은 마음이 있는 사람에게는 Prescent.14의 콘셉트 향이 책에 손을 뻗게 만들 것이고, 제목은 들어보았지만 아직 읽어보지 못했을 법한 스테디셀러로 꾸며진 책장은 내 서재에 채우고 싶은 책으로 가득하다. 내용은 좋은 책이지만, 표지 디자인이나 제목으로 선입견을 줄 수 있는 책은 아예 옷을 입혀버렸다. 꽁꽁 싸매버린 것이다. 그리고 몇 가지 키워드를 제시하여 책에 대한 내용을 상상하게 했다. 호기심에 이끌려 주인장의 도전장을 받아들인 독자는 책을 집어 든다. 이 지점에서 책방 주인장과 소비자의 교감은 일어난다. 주인장의 선택에 동의할 수 있을 것인가, 그것은 포장지의 끈을 풀고 책을 탐닉했을 때만 알 수 있는 재미이기도 하다.

책은 아무것도 아니다

사실 책은 아무것도 아니다. 책의 내용은 하나도 중요하지 않다. 핵심은 '주제'다. 그래서 시작한 것이 독서 모임이다. 책을 읽지 않아도 책이 다루는 주제에 대해 생각했다면 서로의 생각을 나누고 소통할 수 있다. 단순히 작가를 탐구하고, 시대 환경을 파악하는 것이 아니라 '생각거리'를 찾아 나누는 것. 그것이 책의 역할이라고 최승진 씨는 생각한다. 평소 생각지 않던 것을 깨우치게 하고, 새로운 영역을 접하게 하는 지적 활동은 결국 지금의 나보다 더 나은 나, 인간을 이해하고 하고 나 자신도 편안해질 수 있는 실마리가 될 수 있다고 믿는다. 그렇게 비슷한 생각, 비슷한 고민을 하는 사람이 모여 수다를 떠는 것이 Prescent.14의 독서 모임이다.

타인의 취향

"잘 되나요?"

서점을 운영하게 되면서 수도 없이 듣는 질문이다. 하지만 서점이 꼭 잘 되어야 할 필요가 있을까? 다들 그럭저럭 먹고 살 정도로 고만고만한 것이 평범한 사람들의 삶이다. 책방 주인장도 마찬가지다. "잘 되나요?"라는 질문은 정말 잘되었으면 하는, 용기를 주는 질문일 수도 있지만, 그보다는 오히려 '서점으로 먹고살 수나 있나?'라는 인식이 저변에 깔려 있는 것 같아 안타깝다. 중요한 사실은 청년창업지원을 받아 오픈한 Prescent.14가 1년 넘게 유지되고 있다는 사실이다. 책을 좋아하면 서점을 시작하지 말라는 것은 의외의 충고다. 서점을 운영하게 되면 신간, 추천할 만한 책 위주로 책을 읽어야 하기 때문에 정작 자신이 좋아하는 책을 읽을 수 있는 시간이 줄어드는 것이 이유다. 좋아하는 일은 직업으로 삼지 말고 적당히 거리를 둘 것. 사랑하면 너무 가까이 가지 말고 약간의 거리를 남겨둘 것. 연애도 똑같은 방정식이 아닐지.

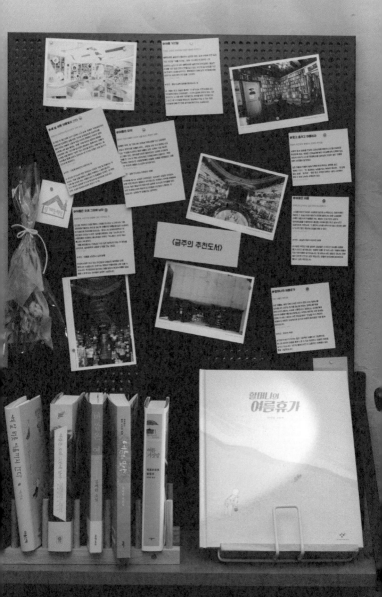

〈금주의 추천도서〉

할머니의
여름휴가

여름은 오래 그곳에 남아

Prescent.14는 국내 조향전문교육기관인 센토리 퍼퓨머리 스쿨과 함께 컬래버레이션을 진행 중이다. 책 제목과 함께 그 책을 향으로 만들면 좋은 이유를 적어 올리면 조향사들이 직접 향을 만드는 이벤트였다. 이벤트에서 선정된 책은 제64회 요미우리문학상을 수상한 마쓰이에 마사시의 장편 소설 [여름은 오래 그곳에 남아]이다. 7명의 조향사가 향 제작에 참여했고, 그중 책과 가장 잘 어울리는 향을 최승진 씨가 최종적으로 선택했다. 이 향은 조만간 시판될 예정이며, 컬래버레이션 시리즈는 계속 이어갈 생각이다. 이렇게 만들어진 향은 출판사에서 마케팅으로 활용하거나 다른 작은 서점에 입점해 전시할 수 있도록 역제안할 예정이다. Prescent.14는 위안을 주는 작은 서점인 동시에 자신만의 브랜드를 확실하게 다지고 있는 자기주장이 강한 서점이기도 하다. 책의 향기가 궁금하다면 Prescent.14의 문을 살짝 밀어보는 것이 어떨까.

여름은 오래 그곳에 남아 | 마쓰이에 마사시 | 비채 | 1만 4천원

Prescent.14

Name	Present(선물) + Scent(향) + 14가지 키워드&충만함 = Prescent.14 (사족_'14'라고 쓰고 '일사'라고 읽는다)
Customer	동네 사람 반, 단골 반.
Meeting	2주마다 한 번씩 독서 모임이 열린다. 현재 두 팀이 있다. 독서 모임을 원하면 주인장에게 신청하면 된다.
Pluses	2주마다 일곱 권의 책을 새로이 추천한다. 주인장이 직접 읽고 리스트업한다.
Weak point	공간의 제약이 있어 책이 많지 않다. 없는 책은 주문해야 한다.
Popular item	꽁꽁 싸둬서 보이지 않는 '블라인드 북'. 키워드만으로 짐작한다. 그 비밀스러움 때문에 Prescent.14에서 가장 핫하다. 운명의 책을 만날지도.
Goods	230ml 디퓨저 3만 9천원, 100ml 2만 3천원, 7ml 미니어처 3천원(4개 세트 1만원)

Address	서울 영등포구 양평로22라길 1, 104동 105호
How to go	9호선 선유도역 2번 출구에서 공원방향
Open	화~금 11am~10pm, 주말 11am~8pm, 월요일은 휴무
Tel	02-2679-1414
Homepage	www.prescent14.com
Blog	blog.naver.com/prescent
Facebook	prescent14
Instagram	prescent.14

10. 책, 도전하다
당신의 '삽질'을 응원합니다

무인 서점
열정에 기름붓기

ce 2016

기름붓기
ㅁ서점

amdong

0 - 25

store of Passionoil

[삽질정신]이라는 책으로 유명한 저자가 있다.
공모전 23관왕에 빛나는 그녀이지만 원래는 낙방선수였다고.
계속된 실패에 지친 그녀는
소설이든 동화든, 닥치는 대로 책을 읽었다.
읽다보니 어렴풋이 감이 생겼고
부족한 부분도 보이기 시작했다.
'공모전 상금으로 이미 혼수준비를 마쳤다'는 그녀,
결국 이 모든 것은 책 덕분이었던 셈이다.

연남동 안쪽 골목길에 작고 편안한 공간이 하나 있다. 주의를 기울이지 않으면 모르고 스쳐지나갈 수도 있는 곳이다. 조용하지만, 비범한 기운이 느껴지는 이곳은 페이스북 59만, 카카오톡 15만 팔로어의 위엄을 자랑하는 콘텐츠 제작 회사 '열정에 기름붓기', 일명 '열기'로 불리는 회사가 운영하는 무인 서점이다(그럼에도 지금까지 단 한 번의 도난 사건도 없었다고). 열기는 책에서 발견하는 놀라움 같은 서점이다. 4년 전 대학생 2명이 의기투합해 만든 회사, 4년이 지난 지금도 아직 20대인 이재선·표시형 두 공동대표가 운영하는 곳, 생채기투성이지만 희망을 버리지 않고 변화를 꿈꾸는 20대의 열정이 만들어낸 곳이다.

"열정에 기름붓기는 인터뷰, 영화, 책, 스토리 등 다양한 분야에서 가장 매력적인 부분을 요약해 동기부여 콘텐츠를 재생산하는 회사예요. 메시지 전달자 역할이죠. 사실 스타트업이라서 힘든 게 많습니다. 하지만 누군들 안 힘드나요? 힘들다고 해도 우리가 힘든 건 다른 사람들과는 좀 다른 면이 있습니다. 우리보다 먼저 취직한 선배나 친구들을 만나보면 그들은 자신의 삶이 변하지 않을 것 같아 힘들어합니다. 열기의 힘듦은 변화를 만들어가는 과정의 중간에서 생겨나는 믿음이에요. 바뀔 수 있다는 기대가 있고, 변화로 가는 과정 중 발생하는 자연스러운 현상이죠. 일찍 창업하기를 잘한 것 같습니다."

》 책은 익숙하지 않은 사람에게는 까다롭고 힘든 존재다. 책과 친해지기 위해서는 어느 정도의 인내와 고통이 필요하고, 시간 투자도 필요하다. 하지만 그 과정을 견뎌내면 분명 얻을 수 있는 커다란 즐거움이 있다.

"모든 사업이 그렇겠지만, 젊음 하나로 사업에 뛰어들었을 때는 명확한 비전이 있어야 합니다. 그래야 어려움에 봉착했을 때 포기하지 않게 되더군요. 그 동안 직접 실패하면서 배운 사실입니다. 처음 출판 마케팅 사업에 뛰어들었을 때 우리가 비전으로 잡았던 것은 대한민국의 독서율을 높여보자는 거창한 목표였어요. 세상은 마치 종이책이 사라질 것처럼 이야기하지만, 책은 절대 사라져서는 안 되는 중요한 매체이자 콘텐츠라고 생각해요. 아무리 시대가 바뀌어도, e-book이 나와도, 이 사실은 절대 변하지 않을 겁니다. 책을 읽지 않던 평범한 20대가 출판 마케팅을 하면서 책이 좋아졌고, 책을 통해 많은 걸 알게 되고, 그걸 많은 사람과 나누고 싶어졌어요. 우리의 목표는 책을 많이 읽는 사람이 더 많은 책을 읽도록 하는 것이 아니라 책을 한 권도 안 읽는 사람이 책을 한 권이라도 읽게 만드는 거예요. 그런 고민에서 나온 것이 서점입니다."

〉〉 책에도 시행착오가 필요하다. 자신이 어떤 책을 좋아하는지 알기 위해서는 이것저것 닥치는 대로 책을 읽어보아야 한다. 인생도 마찬가지다. 너무 빨리 인생을 포기하는 것은 세상의 좋은 것 하나를 누리지 못하는 것과 같다.

"요즘 젊은 층들은 쉬는 것을 잘 못해요. 놀면서도 항상 마음에 부담이 있죠. 그래서 작은 서점을 찾는 것 같아요. 놀아도 서점에서 노는 거잖아요. 누구나 책이 중요하다는 건 알지만, 막상 읽으려고 하면 스트레스죠. 그래서 생각해낸 것이 책이 꽉 찬 답답한 서점이 아니라 가벼운 마음으로 찾았다가 책을 '발견'하게 되는 서점이었어요. '어? 책도 있잖아?' 이런 생각만으로도 책을 바라보는 관점이 달라질 거라고 생각하거든요. 데이트하러 왔다가, 쉬러 왔다가 책'도' 만나는 거죠. 그래서 서점 안에 책은 달랑 3권밖에 없습니다. 독서율이 작은 서점 하나만으로 높아지지는 않겠지만, 분명 변화의 시작점은 될 수 있을 거라고 믿습니다."

〉〉 힐링이 된다면 동화책도, 만화책도, 미스터리물도, 시집도 모두 의미가 있다. 굳이 어려운 책을 선택해야 할 필요는 없다. 목적을 가진 독서가 아니라 끌리는 책을 보다 보면 그 속에서 자신의 취향을 발견하게 된다.

"개인마다 다르겠지만, 사람이 항상 열정에 넘칠 수는 없어요. 열기는 없던 열
정을 만들어주는 게 아니라 마음속에 있는 열정의 '심지'에 기름을 조금씩 부
어 적셔줄 뿐이에요. 언젠가는 그 기름에 불이 붙어 활활 타오르기를 기대하
는 거죠. 그 기름이 일주일에 서너 번씩 열기의 페이스북에 업로드하는 콘텐
츠예요. 누군가는 이렇게 말합니다. 오늘 콘텐츠를 보고 잠시 끓어오르더라도
다음 날 PC방 가서 게임을 하는 게 요즘 20대라고. 그런 무의미한 일을 왜 하
냐고 말이죠. 그에 대한 답은 미국 작가 지그 지글러가 했죠. '동기부여는 샤워
와 같다. 내일 더러워질 거라고 오늘 샤워를 하지 않을 것인가'라고. 맞는 말이
죠. 죽을 때까지 한 번도 동기부여가 사라지지 않는 사람은 없어요. 그러니 나
태해졌다고 자책할 필요도, 실망할 필요도 없습니다."

〉〉 책 속에는 인생에 대한 많은 힌트가 담겨 있다. 위기가 닥쳤을 때 어려움을 극복
할 답이 있고, 좌절했을 때 일어설 수 있는 힘을 준다. 그리고 누구보다 든든한 친구
가 되어 당신을 위로한다.

"'열기'는 지금 젊은층 사이에 넓게 퍼져 있는 패배주의와 맞장을 뜨고 있습니다. 요즘 젊은층은 정치권이나 사회적 문제가 발생했을 때 바꿀 수 있다, 바꿔야 한다는 생각이 아니라 '역시 헬조선', '그럴 줄 알았다', '역시 떠나는 게 맞아'라고 하더군요. 이런 생각은 위험한 패배주의자 안일주의, 인생의 회피라고 생각합니다. 모순되고 잘못된 점이 있다면 바꿔야죠. 변화시켜야죠. 회피하면 아무것도 바뀌지 않습니다. 특히 젊은층이 변화의 주역이 되어야 하는데, 패배주의가 너무 만연한 것 같아 안타깝습니다. 물론 구조의 문제겠지만, 구조의 문제라고 인식하는 그 자체가 변화의 첫 단추가 될 수 있을 거예요. 이런 인식조차 하지 않는다면 진짜 아무것도 바뀌지 않는 헬조선이 될 거예요. 이것이 우리 열기가 사명감을 갖고 열심히 뛰는 이유입니다."

》》 책은 사람과 소통하는 오래된 도구다. 이미 이 세상에 없는 인생 선배들, 지금 우리 곁에 있는 인생의 쓴맛 단맛 다 겪어본 선배들이 더 많은 사람에게 들려주고 싶어서 쏟아놓는, 좀 긴 수다다.

열기에 기름붓기는 이제 온라인에서 오프라인으로 진출을 시도하고 있다. 무인 서점이 그 시작점이다. 페이스북이 망하면 바로 망할 수밖에 없는 게 지금 열기의 현 상황이다. 이를 이겨내기 위한 방법으로 눈에 보이지 않는 SNS 구독자에게만 의존하기보다 손에 잡히는 100명의 구체적인 독자와 만날 채비를 하고 있는 것이다. 3개월짜리 열기 스케줄러를 제작하고, 커뮤니티도 결성했다. 열기의 열기는 이제부터 시작이다.

한 줄 흔적
열정에 기름붓기 방명록

"생각이 많고 우울한 하루들의 반복이었는데 무인서점에서 힐링하고 가요."

"반차를 썼을 뿐인데, 이토록 여유 있는 오후가 기다리고 있을 줄이야."

"'열기'는 꼭 잘되어서 좋은 기업이 되었으면 좋겠습니다. 제가 만약 꿈을 이뤄서 좋은 기업을 만들고 좋은 사람이 된다면 '열기'에 감사하다는 표시를 하겠습니다."

"매일 바쁜 삶 속에서 살다가 가끔씩 무인서점처럼 조용한 곳으로 오면 마음이 편안해진다."

"무언가 홀린 듯 찾아온 이곳. 작은 희망을 보고 떠난다."

"이곳에서 가장 힐링이 되는 책은 방명록이다."

열정에 기름붓기

Name	'열정에 기름붓기' 회사 이름 그대로다.
Customer	동네 사람, SNS 팔로어, 단골, 지나가다 우연히 발견한 사람.
Meeting	유료 커뮤니티를 결성했다. 영화, 책 등을 보고 토론하고 강사를 초청해 강의도 한다. 한 달 3번 모임, 7만원. 페이스북으로 신청하자.
Pluses	무인 서점이라 말 그대로 지키는 사람이 없다. 대신 CCTV가 지킨다. 잠을 자도 아무도 터치하지 않는다.
Weak point	책이 고작 3권이다. 한 달 뒤에 가도 똑같은 책일 확률이 높다.
Popular item	방명록. 한국 사람들은 책을 읽는 것보다 자신이 쓰고 기록하는 것에 더 열정적이다. 방명록용 노트는 빈자리 찾기가 어렵고, 방명록을 붙일 수 있는 벽면도 항상 빽빽하다.
Goods	열정에 기름을 부어줄 포스터와 3개월 스케줄러 각각 7천원, 1만 5천, 명언카드 1천원
Menu	커피 3천원

Address	서울 마포구 동교로 25길 53
How to go	홍대입구역 1번 출구에서 도보 13분가량 소요
Open	월~토 11am~11pm, 일요일은 휴무
Tel	010-2067-3193
Facebook	passionoil
Kakaotalk	'열정에 기름붓기'로 검색

[INSIDE 4]
술과 책
애독애주가가 말하는 그 매력

술과 책의 공통점이 하나 있다. 한번 중독되기 시작하면 약도 없다는 것이다. 슬프게도 책을 읽는 인구는 점점 줄어드는 데 반해 음주 인구는 점점 늘고 있다고 한다. 그것도 빠른 속도로 말이다. 그 사이에서 술과 책을 동시에 좋아하는 사람은 특이한 케이스가 되어버렸다. 바로 나 같은 애독애주가(愛讀愛酒家)처럼 말이다.

늦게 배운 도둑질에 시간 가는 줄 모른다고 했던가? 사실 내가 본격적으로 책을 읽기 시작한 건 스무 살 때였다. 더 믿기 힘들겠지만, 내 생애 첫 음주는 스물한 살 때의 일이다. 남들보다 늦은 출발이었기에 그 누구보다 열심히, 쉬지 않고 읽고 마셔왔다. 물론 애독애주의 길이 순탄하기만 한 건 아니었다. 내가 사랑하는 작가 무라카미 하루키처럼 위스키 한 잔과 음악을 곁들인 독서가 하고 싶었던 스물네 살의 어느 날, 나는 하루키 소설을 들고 대학로에 있는 바에 거침없이 들어갔다. 그러나 아뿔싸! 어두컴컴한 바의 조명 아래에서는 글씨를 읽기 힘들었을 뿐만 아니라 독주를 마시는 다른 테이블 애주가들의 이상야릇한 눈초리에 더 이상 앉아 있을 수가 없었다. 얼굴이 홍당무가 되어 쫓기듯 그 자리를 벗어났고 소설은 소설일 뿐이라는 교훈을 얻게 되었다.

그렇게 십여 년이 흘렀다. 그사이 술과 책의 거리는 더욱 친밀해졌다. 술 마시는 서점까지 생겨났으니 말이다. 술과 책의 접점이 많아진 것이다. 드디어 때가 왔다는 느낌을 받은 나는 개인 블로그에 '술 마시는 독서 모임'을 만들어 참여 신청을 받았다. 곧 전혀 예상하지 못한 일이 일어났다. 5명 모집에 5대1이라는 엄청난 경쟁률을 보인 것이다. 어떻게 선정해야 할까 잠시 고민했지만, '술과 책'이란 명확한 주제가 있어 쉽게 해결됐다.

첫 번째는 당연히 책을 좋아할 것, 두 번째는 소주 한두 병은 너끈히 해독해내는 튼실한 간의 소유자일 것. 그렇게 튼실한 간을 지닌 여섯 명은 운명적인 첫 만남을 가졌다. 1차는 맥주를 마시며 진행했는데 예상대로 분위기가 서먹서먹했다. 고등학교 국어시간에 발표하는 학생들처럼 긴장한 나머지 자신이 읽은 책 이야기만 말하기 시작했다. 처음 모인 자리였기에 대화가 끊기는 시간이 잦았고, 그 때마다 나는 건배 제의를 하며 어색한 분위기를 깨려 노력했다. 그러나 걱정도 잠시, 모임의 성격이 분명했기에 확실한 도수의 주종으로 바꾼 2차에서는 모두의 긴장이 풀어지기 시작했다. 소주로 주종을 바꾼 후부터는 내가 바라는 본격적인 음주 북토크가 시작됐다. 소주잔이 두세 번 돌기 시작한 후부터는 너나할 것 없이 자신이 좋아하는 작가와 가장 기억에 남는 책에 대해 이야기보따리를 풀어놓았다. 방언 터지듯 쉴 새 없이 오가는 대화 속에서 사람들은 급속도로 친밀함을 가지며 오랜 지인들처럼 편안하게 이야기를 주고받을 수 있었다. 첫 모임은 예상보다 많이 마셨고, 술자리는 아주 길어졌다.

술 마시는 독서 모임을 만들고 가장 많이 들었던 말은 이런 모임을 왜 만들었냐는 것이었다. 그에 대한 답은 간단하다. 술과 책을 좋아하는데, 혼자 즐기기엔 심심했기 때문이다. 재밌는 책을 읽으면 누군가와 그 책에 대해 말하고 싶은 욕구가 생긴다. 그런데 내 주위에는 아쉽게도 책을 좋아하는 사람이 없었다. 다른 사람은 그 책을 읽고 무엇을 느꼈는지, 결말은 마음에 들었는지 등을 함께 이야기하고 싶었다. 그런데 책 이야기만 풀기엔 공기 빠진 튜브를 끼고 수영하는 것처럼 무언가 허전했다. 이럴 때 필요한 것이 바로 인간의 감정을 쥐락펴락 하는 알코올이다. 그렇게 책과 술이 자연스레 만나게 됐다. 술 마시는 독서 모임은 책 이야기만 하는 건 아니니까 말이다. 책 한 권으로 이야기를 한들 얼마나 하겠는가. 우리가 [알쓸신잡]의 유시민은 아니지 않은가? 읽어온 책 이야기를 하다가 뜬금없이 직장 상사 욕도 하고, 연애 이야기로 빠지기도 한다. 결국 술과 책을 좋아하는 주체는 '나'이기 때문이 아닐까? 내가 좋아하는 걸 좋아하고 즐기는 게 나에겐 가장 행복한 일일 테니 말이다.

글, 사진 | **김도윤**(나폴레옹)
네이버 책 부문 파워블로거(http://blog.naver.com/doyuny1)

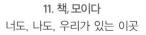

11. 책, 모이다
너도, 나도, 우리가 있는 이곳

실험 서점
서울오감도

서점입니까?

서점입니다.

이 원고는 '서울오감도'의 운영자이자 아뜰리에 건축가 사무소 큐레이터인
홍수영 님과의 인터뷰를 1인칭 시점으로 다시 재구성했습니다. 사진 제공: 서울오감도

日.
그날

대학에 다니던 오래 전 어느 겨울, 그날은 눈이 내렸다. 서점에 대한 막연한 동경은 오랫동안 계속되었지만, 눈길에 생긴 교통 체증 속에서 공상은 더욱 구체화되었다. 서점 주인장이 되면 좋겠다는 생각을 했다.

2015년 4월 회사 근처 독립 서점인 북소사이어티에서 열린 로베르트 무질의 북토크에 참석했다. 작가 이름이 생소했고, [생전 유고]라는 책 제목도 호기심을 불러일으켰다. 로베르트 무질은 독일어권에서는 불어권의 프로스트, 영미권의 제임스 조이스와 비교될 만큼 중요한 문제적 작가 중 한 명이다. 그는 [특성 없는 남자]라는 대작을 집필 중이었지만, 생계유지를 위해 [생전 유고]를 묶어낼 수밖에 없었다. 순간, 내가 서점을 연다면 로베르트 무질의 [생전 유고] 책 10권으로 시작하리라 결심했다. 그 결심은 곧바로 행동으로 이어졌고, 일주일 후 내 서재에는 로베르트 무질의 [생전 유고] 10권이 꽂혀 있었다.

利.
팔되 팔지 않는 서점

열린 공간도 아니고, 10% 할인도, 적립도 없다. 모든 책은 원가에 사야 한다. 문을 여는 시간도, 닫는 시간도 정해져있지 않다. 오다가다 들를 수 있는 곳도 아니다. 개인 공간 일부를 할애해서 시작한 서점이었고, 약속을 해야 만날 수 있는 서점이다. 책을 사오는 나도 그렇다. 정식 서점도, 사업자도 아니기 때문에 온라인이나 오프라인 서점에서 원가 혹은 10% 할인된 가격에 사야 한다. 내 마음대로 서점이라고 했지만, 나 자신조차 누가 살지 의구심이 들었다. 그러나 설마 팔릴까, 싶었던 책은 의외의 순간에 팔렸다.

트위터에 서점의 시작과 그 계기를 밝혔다. 서점의 첫 판매는 친구였다. 로베르트 무질 3권을 사갔다. 읽었는지 선물했는지는 모르겠다. 그 후 지인, 지인의 지인, 그 지인의 지인이 내 사연을 듣고 일부러 연락해서 찾아와 책을 사갔다. 그렇게 로베르트 무질 10권은 모두 나갔고, 나의 '실험 서점'은 시작되었다.

森.
너와 나, 그리고 우리가 만나

독서모임은 서점을 열기 한 달 전쯤 먼저 시작했다. 한 달에 한 번 음력 보름 밤에 모인다. 각자 큐레이터가 되어 읽고 싶은 책을 가지고 온다. 1시간이나 1시간 반 정도 책을 읽고, 30여 분간 읽은 내용 중 특별한 구절을 낭독하거나 대화를 나누는 모임이다. 독서모임이 끝나고 나면 주변의 가까운 곳을 산책한 뒤 헤어진다. 모임 이름은 '정원과 서재'다.

'끝내기 위해 또다시'라는 모임도 있었다. [고도를 기다리며]의 작가 베케트의 기일에 희곡 읽기 번개 모임을 열었는데, 책을 읽다 베케트의 단편 [끝내기 위해 또다시]라는 제목이 마음에 들어 한 달에 한 번 모여 각자 끝내지 못한 것을 끝내기로 했다. 나는 예술가들이 짧게 머무르거나 살면서 작업했던 공간에 대한 프로젝트를 책으로 엮어보고 싶었다. 어떤 이는 자신이 쓴 논문을 책으로 내고 싶어 했고, 어떤 이는 여행서를 내기 위해 글을 썼고, 어떤 이는 시를 썼다. 한 달에 한 번씩 모여 진행 사항을 발표하고, 써온 것을 읽고, 듣고, 격려했다.

읽기 어려운 책 읽기 모임도 있다. 전부 다 이해하지 못해도 상관없다. 혼자서는 읽기 어려운 책을 끝까지 읽어보자는 취지였다. 지난해는 영문학 사상 가장 문제적인 작품 중 하나로 꼽히는 제임스 조이스의 [율리시즈]를 읽었다. 일주일에 한 번씩 만나 각자 묵독하고 함께 낭독했던 [율리시즈]의 모임은 블룸즈데이(Bloomsday, 아일랜드의 소설가 제임스 조이스의 소설 [율리시즈]의 배경이 되는 1904년 6월 16일을 기념하기 위한 날)에 시작해 블룸즈데이에 끝을 냈다. 책 한 권을 읽는 데 1년이 걸린 것이다. 지금은 버지니아 울프의 주요 작품을 각자 읽고, 모여서 이야기를 나누고 있다.

모임의 회원 수는 가변성이 크다. 많아 봐야 5~6명 내외고, 어떤 때는 1명이 올 때도, 어떤 때는 나 혼자일 때도 있다. 바쁜 시간에 일부러 짬을 내어 모이는 것이 시간 낭비가 아니냐는 지적도 있겠지만, 사람들과 의견을 나누고, 크고 작은 정보를 주고받으며 독서 행위는 증폭된다. 혼자 있으면 갇히지만, 함께하면 열린다.

思.
결코 잊을 수 없는

서점은 지속적으로 운영하고 있다. 한두 권, 어렵게 고른 책이 서재에 꽂힌다. 개인 서재에 꽂힐 만한 지극히 사적인 선별이다. 그러나 이런 나의 서점은 모르는 누군가와 접점을 찾았을 때 굉장히 놀라운 경험을 만들어준다. 한 번은 독립 출판물인 라야의 [산책론]이라는 책을 입고한 적이 있다. 잠실의 다양한 건물을 소개하고, 옥상을 산책하는 산책일기이자 사진집이다(절판되었다). 그런데 어떻게 알았는지 이 책이 서울오감도에 있다는 것을 알고 연락한 사람이 있었다. 동양화를 공부하는 청각장애인이었는데, 도시와 관련된 책이 꽂힌 내 책장을 보고 관심을 나타냈다.

기억이 지워진 도시, 서울. 역사는 오래되었지만 남겨진 것이 없는 도시. 이런 것들에 대해 공감하며 필담을 나누었다. 그 분은 [산책론] 말고도 도시에 대한 책을 내게 추천받아 구매해갔다. 이런 경험은 단순히 책을 파는 서점에서는 상상할 수 없는, 전혀 다른 차원의 경험이고, 내게는 너무나 소중하다.

영화에 나오는 책 제목을 메모했다가 사둔 희곡을 보고 "어! 이거 나도 읽어보려고 했는데"라며 놀라는 회원이나 다른 서점에서는 절판된 독립 출판물을 구입하러 병원에 입원해 있는 내게 달려온 독자도 있었다.

책을 사는 과정도 하나의 경험이다. 책에 대한 생각을 소수의 사람과 공유할 수 있다면 그것만으로도 충분하다고 생각한다. 누군가가 "서울오감도에 꽂혀 있는 책은 실패하지 않아"라고 한 말은 서점 아닌 서점 서울오감도를 지속하게 하는 힘이다.

悟.
약하게나마 뿌리를 내리고

서울오감도는 가려져 있거나 발견되지 않은 작가이지만, 중요한 작가의 책으로 구성하려고 한다. 미술가 로와정, 국동완, 박선민, 시인 황인숙, 소설가 정지돈과 그의 동료 작가들이 낸 독립 출판물 등의 사인본도 판매 중이다. 그러나 그보다 문화나 예술에서 실험을 했던 사람들, 중요한 건 알지만 읽지 않는 책, 잘 읽히지 않는 책을 잘 읽히게끔 소개하고 싶다. 그래서 가장 안 팔릴 것 같은 책, 대형 서점에는 진열은커녕 입고도 되어 있지 않을 것 같은 책이 서울오감도에서는 베스트셀러가 된다.

근사하고 편안한 장소, 유명한 작가가 나오는 북토크나 낭독회에 가면 그 나름대로 많은 것을 얻겠지만, 나는 그저 구경꾼에 지나지 않는다. 하지만 서울오감도에서는 내가 주인이 된다. 책을 고르고, 읽고, 낭독하고, 토론한다. 나도, 너도, 우리가 주인이 되는 서점, 그게 서울오감도다. 내가 소중하게 생각하는 특정 작가의 책을 나 혼자든, 둘이든, 셋이든, 읽는다는 것이 중요하다. 지금 당장 읽지는 못해도 서로가 정보를 나누며 길을 찾아 하나의 지도를 완성하는 것, 그것이 서울오감도가 지향하는 바이다. 대형 서점에 새롭게 놓이는 커다란 책상도 훌륭하지만, 결국 책을 읽는 것은 한 개인, 작은 모임에 모인 사람들이다.

개인이 책을 살 수 있게 하는 특별한 장소성을 가진 서점, 특별한 성격을 가진 서점, 그것이 서울오감도의 역할이라고 생각한다. 개인의 힘은 약하지만, 각각의 개성으로 작은 서점이 그 역할을 한다면 그것은 땅속 깊이 파고드는 튼튼한 뿌리가 될 것이다. 이것은 대형 서점의 커다란 책상이 할 수 있는 일은 결코 아니다.

마지막으로 다시 묻겠습니다. 서점입니까?

물론, 서점입니다.

인터뷰가 끝난 후 남는 것은 여전히 '?', 물음표다. 그러나 역사상 얼마나 많은 책과 실험이 세상을 바꾸어 왔는가. 혼외정사, 동성애, 자위, 매춘 등, 당시 금기로 여기던 성 생활에 대한 충격적인 보고서로 세상을 발칵 뒤집은 [킨제이 보고서]는 객관적으로 성을 바라보는 잣대가 되게 하였으며, 신 위주로만 사고했던 의식을 완전히 바꾸며 과학을 발전시킨 [종의 기원] 같은 고전 외에도 [미스터 초밥왕] 같은 만화는 초밥을 먹지 못하던 꼬마에게 초밥을 맛보게 하는 힘을 가지고 있다. 서울오감도는 당장은 빛나지 않아도 언젠가는 자랑할 만한 실험으로 기록될 수도 있다. 서울오감도 주인장의 "아무것도 아닌 것이 아닌 실험이 되었으면 좋겠다"는 바람처럼, 이런 작은 하나 하나의 움직임이 모여 커다란 일렁임이 될 수 있다면 그 또한 좋지 아니할까.

서울오감도

Name	인터넷도 없던 시절 빗발치는 항의에 15편을 발표하고 접어야 했던 시인 이상의 시 [오감도(烏瞰圖)]에 대한 오마주다. 이상의 실험성, 나아가 모든 창작자의 다른 시선과 의미 있는 시도를 존중한다.
Customer	지인, 지인의 지인, 그 지인의 소개, 가끔 SNS로 신청해서 찾아오는 사람
Meeting	한 달에 한 번 보름밤이면 '정원과 서재' 모임이 열린다. 본인이 직접 큐레이터가 되어 읽고 싶은 책을 가지고 가면 된다. 만화책을 들고 가도 된다. '밤의 도서관'인 고전 읽기 모임도 정기적으로 열린다. 가입 문의는 트위터로.
Pluses	용기를 내어 문을 두드린다면 작가, 소설가, 잡지 기자, 번역가, 출판인 등 다양한 사람을 만날 수'도' 있다. 자신과 딱 맞는 코드의 주인장을 만날 수도 있다.
Weak point	오프라인 서점 공간은 유동적이다(인왕산 아래 '바깥'서점의 형태). SNS나 메일 등을 통해 연락을 하고, 약속을 해서 찾아가야 한다. 진입 장벽이 높다.

Twitter	akffl
Instagram	hongsy211

12. 책, 휴식하다
책을 들고 가지 않아도 되는 책 여행

국자와 주걱
완벽한 날들
숲속작은책방
동네책방 숨
봄날의 책방
만춘서점

Bookstay = Book + Stay
책이 머무는 곳,
혹은 책과 함께 머물 수 있는
공간으로의 여행
그곳에 가면, 휴식, 자연
그리고 책이 있다

인천광역시 강화도
국자와 주걱

강화도의 구불구불 시골길을 따라 들어간 이곳엔 '촌장'이 기다리고 있다. 시인 함민복이 지어주었다는 이름 '국자와 주걱'은 숟가락과 젓가락과 달리 서로 나눔을 전제로 한, 공동체를 위한 도구라는 점에서 착안하였다고 한다. 옛날 한옥집을 개조한 집안 곳곳에 아기자기한 인테리어 소품(자수, 깎은 나무수저, 인형 등), 유기농 밥상, 그리고 아늑한 잠자리는 마치 할머니댁에 방문한 것처럼 마음을 포근하게 만들어준다. 때때로 열리는 북 콘서트와 시 낭송회에 몰려드는 사람들로 국자와 주걱은 이 마을의 사랑방이 된다. 오직 전화로만 예약을 받는다.

Address	인천광역시 강화군 양도면 강화남로428번길 46-27 (도장리)
Open	매일 10:00~24:00
Tel	010-2598-3947

ⓒ 오르빛이(홍지강)

강원도 속초
완벽한 날들

산, 호수, 바다가 있는 완벽한 곳, 속초엔 완벽한 날들이 있다. 이곳을 운영하는 젊은 부부는 1층 Book & Coffe, 2층 Guest House, 3층 Rooftop으로 공간을 나눈 이곳이 지역문화공동체로서의 서점이 되기를 꿈꾼다. 책과 하는 다양한 문화활동을 위해 넓은 공간을 마련해두었고, 사색할 수 있는 공간인 1인실에서 6인실까지 숙박가능한 방도 있다. 독서 모임, 글쓰기 모임 등이 이뤄지며, 다양한 연령대의 독자들을 위해 인문학, 사회과학, 청소년, 환경, 동물, 시, 소설, 에세이 등 여러 분야의 책을 구비해두었다. 모두 오래 두고 같이 나눌 책들이다.

Address	강원도 속초시 수복로259번길 7 (동명동)
Open	09:00~21:00 (서점, 카페는 화요일 휴무)
Homepage	https://www.perfectdays.kr
Blog	http://blog.naver.com/perfectdays_sokcho
E-mail	stayinbooks@gmail.com
Tel	010-8721-2309

충청북도 괴산
숲속작은책방

충북 괴산의 작은 전원마을에 자리한 가정식 서점이다. 실제 주인장 부부가 살고 있는 집 거실 그대로를 서점으로 꾸몄다. 직접 만들었다는, 천장까지 닿은 책장에는 주인부부가 직접 엄선한 책들이 손으로 정성껏 쓴 다양한 이야기들과 함께 빼곡히 들어차있다. 마당 한켠에 위치한 두 채의 오두막 안에는 아이들이 드러누워 책을 읽을 수 있도록 해먹을 걸어두었다. 2층은 게스트하우스로 운영 중이다. '앨리스의 다락방'이라는 이름에 걸맞게 그림책과 동화책으로 가득하다. 최대 6인 정도까지 머무를 수 있는 작은 공간이기 때문에 경쟁이 치열하므로 특히 주말에 머무를 예정이라면 미리 예약은 필수다. 그리고 한 가지 더, 이곳에 들른다면 책 한 권은 꼭 사야하니 이를 꼭 기억할 것!

Address	충청북도 괴산군 칠성면 명태재로미루길 90 (사은리)
How to go	괴산터미널에서 괴산–학동(칠성, 지곡, 수전) 버스 승차 후 외사리입구 정류장에서 하차, 30분가량 소요
Open	수~일 13:00~18:00, 월요일과 화요일은 휴무
Tel	010-3362-7626
Blog	blog.naver.com/supsokiz 숙박 예약은 다음카페에서 한다. http://cafe.daum.net/supsokiz

전라도 광주
동네책방 숨

동네책방 숨의 슬로건은 '경험을 공유하는 서점'이다. 책을 매개로 오고 가는 대화를 통해 공감대를 형성하고, 새로운 경험으로 확장될 수 있도록 공간을 제공하는 것에 행복을 느낀다는 이곳은 '동네책방 숨'과 작은 도서관인 '다석의 서재', 그리고 '다락방'으로 공간을 구성하였다. 게스트하우스보다 가정집에 가까운 인테리어는 일상을 벗어나 잠시 숨 돌리고 싶은 이들에게 편안함을 준다. 낮에는 서점, 저녁에는 북스테이로 운영되는데 단 하룻밤만이 제공된다(연박불가). 타 지역 시민을 위한 광주—전라 서가, 세월호 서가, 마을 교육 공동체 서가 등 특색 있는 서가가 인상적이다.

Address	광주광역시 광산구 수완로 74번길 11-8 (수완동)
Open	화~토 12:00–21:00, 일요일과 월요일은 휴무
Tel	062-954-9420
Blog	http://blog.naver.com/bookcafesum
E-mail	bookcafesum@naver.com

경상남도 통영
봄날의 책방

통영의 로컬 출판사 남해의 봄날이 운영하는 책방. 안쪽으로는 게스트하우스 봄날의 집이 위치해있다. 남해의 따스한 햇살을 닮은 입구와 야외 책방을 지나 안으로 들어서면, 책방지기가 엄선한 책들과 통영 지역의 장인들이 손수 만든 소품들이 우리를 반긴다. 책 수는 3백 종을 넘지 않는 것이 철칙으로, 상업성보다는 소개해주고픈, 검증된 책을 판매한다. 봄날의 집은 통영의 예술가를 테마로 하여, 각각 작가의 방, 장인의 다락방1 & 2, 화가의 방으로 꾸몄다. 봄날의 집 건물 위쪽으로는 전혁림 미술관이 위치해있어, 문화예술의 도시 통영을 느끼기에는 더할 나위 없는 곳이다.

Address	경상남도 통영시 봉수1길 6-1 (봉평동)
How to go	통영 터미널에서 200번 버스(용화사 방면) 이용, 20분가량 소요
Open	수~일 10:30am~06:30pm, 월요일과 화요일은 휴무 (봄날의 책방)
Tel	070-7795-0531
Homepage	http://www.namhaebomnal.com
E-mail	guest@namhaebomnal.com

제주도
만춘서점

제주도 함덕 해수욕장 근처에 자리한, 흰 삼각형 모양의 단순한 외관(때때로 이것은 한여름 밤의 스크린으로 변신한다)이 독특한 서점. 주변의 야자수가 어우러져 이국적인 풍경을 자아낸다. 늦봄을 뜻하는 서점 이름은 1940년대 일본의 동명영화에서 따왔다. 주인의 취향대로 고른 1천 2백여권의 책은 주로 오래되었지만 읽으면 좋을 책, 독자들의 손이 많이 가는 책들로 구성되어 있다. 한쪽에는 LP 등의 음반도 판매한다. 2층은 만춘여관으로 운영 중인데, 건물 외관처럼 내부도 심플하고 모던하다. 티테이블 옆에 놓인 빨간색 턴테이블이 눈에 띈다. 숙박예약은 문자로만 받는다. 2박 이상의 연박만 가능하니 예약 시 참고할 것.

Address	제주특별자치도 제주시 조천읍 함덕로 9 (함덕리)
How to go	함덕 해수욕장에서 5분 거리, 대명리조트 후문에 위치
Open	일~목 11:00~19:00, 금~토 11:00~21:00
Tel	064-784-6137, 010-2623-6137
Blog	http://blog.naver.com/bookopen01
Instargram	manchun.b.s

내 서재를 소개해

lanuitblanch
웨스턴동 >

좋아요 114개

여느 휴가지 안 부러운, 집 속의 작은 아지트
#서재방을휴가지로 #책방꾸미기 #서제인테리어
#아지트 #다락방느낌 #책스타그램 #감성자극

min_10214
Seoul, South Korea >

팔로우   ···

♥ 좋아요 178개

#첫줄안녕 #내서재
결혼하기 전 내 방,
이제와 다시 보니까,
내 방은 하나의 거대한 책이었네
This was my room before I got married.
There were a lots of books in my room.
#추억소환 #내방 #서재 #데일리그램 #일상그램 #북스타그램 #책
스타그램 #instadaily #instabook #instapic #bookstagram
#dailygram #mystudy #myroom #mylibrary

dwitbookgirl 팔로우 ···

좋아요 **70개**

오늘 하루 머리 쥐나도록 열심히 일한 나를 위한
#힐링타임 #힐링공간 #내방 #내서재
내가 너네들 때문에 산다

 cien1204 팔로우 ···
내방안 **침대이불속** >

♥ **좋아요 31개**

오늘처럼 추운 날엔 방콕하며 책읽는게 답이지
#내서재 #책

syonilibre 팔로우 ···

끌림

전자책 PDF

글쓴이 이병률
출판사 달
반납일 2017.05.15   3%

좋아요 8개

아 뿌듯하여라 #이게뭐라고 #전시용 #내서재 심지어 #빌린책
#ebook 매니아 #전자도서관 매니아

[작은 서점 LIST]

본문에는 소개되지 않았지만, 저마다의 특별한 이야기를 담고 있는 작은 서점들

서울

고요서사
서울특별시 용산구 신흥로 15길 18-4, 102호
010-7262-4226

껌북바나나
서울특별시 종로구 북촌로4길 6
070-7773-7040

노말에이
서울특별시 중구 을지로 121-1, 2층
070-4681-5858

다시서점
서울특별시 용산구 이태원로 42길 34
지하 1층
02-322-5495

더북소사이어티
서울특별시 종로구 자하문로 10길 22, 2층
070-8621-5676

드로잉북 리스본
서울특별시 마포구 연남로 30
코오롱하늘채아파트 상가B동 305A
070-4233-3905

디근집
서울특별시 종로구 필운대로 26-5
010-9282-2174

땡스북스
서울특별시 마포구 잔다리로 2 더갤러리 1층
02-325-0321

목수책방
서울특별시 성동구 독서당로 230
070-8152-3035

미스터리 유니온
서울특별시 서대문구 이화여대길 88-11
02-6080-7040

바람길
서울특별시 중랑구 망우로 332
02-434-6449

밤의 서점
서울특별시 서대문구 성산로 309-51

베란다북스
서울특별시 종로구 계동길 120
02-747-3742

별책부록
서울특별시 용산구 신흥로22가길 8, 1층
070-5103-0341

부비책방
서울특별시 구로구 경인로 661
푸르지오 오피스텔 103동 2101호
010-6266-1192

북바이북
서울특별시 마포구 월드컵북로 44길
26-2 (상암점)
02-308-0831
경기 성남구 분당구 판교로 227번길 6
브릿지타워 1층(판교점)
031-704-0508

북새통문고
서울특별시 마포구 홍익로 6길 57 금강빌딩
02-324-0211

사적인 서점
서울특별시 마포구 서강로9길 60, 4층
010-4136-2285

사진문화공간 아지트
서울특별시 영등포구 도림로 433
010-5035-8498

세렌북피티
서울특별시 마포구 토정로 34(합정동), 1층
02-6352-0707

스토리지북앤필름
서울특별시 용산구 신흥로 115-1
010-2935-9975

연남동 탐구생활
서울특별시 마포구 동교로30길 21, 103호
070-8956-1030

오프투얼론
서울특별시 종로구 자하문로15길 26-4

유어마인드
서울특별시 서대문구 연희로11라길 10-6
2층 우측
070-8821-8990

이라선
서울특별시 종로구 효자로7길 5, 1층
010-5420-0908

이상의집
서울특별시 종로구 자하문로 7길 18
070-8837-8374

이후북스
서울특별시 마포구 서강로11길 18, 1층
010-4448-7991

짐프리
서울특별시 마포구 양화로 156
LG팰리스빌딩 지하 2층 222호
02-322-1816

책바
서울 서대문구 연희맛로 24
02-6449-5858

책방서로
서울특별시 마포구 연남로 11길 46, 1층
010-9032-1322

책방이곳
서울특별시 성동구 광나루로9길 2, 지하 1층
070-4610-3113

청색종이
서울특별시 영등포구 당산로 8-6
02-2636-5811

초원서점
서울특별시 마포구 숭문16나길 9
02-702-5001

최인아책방
서울특별시 강남구 선릉로 521
02-2088-7330

풀무질
서울특별시 종로구 성균관로 19
02-745-8891

한양툰크
서울특별시 마포구 홍익로6길 67
02-338-5210

길담서원
서울 종로구 자하문로17길 12-9
02-730-9949

타스크북샵
서울 강남구 압구정로14길 30, 지하1층
02-516-1155

파크(PARRK)
서울 강남구 압구정로46길 50
퀸마마마켓 3층
070-4281-3371

헬로인디북스
서울 마포구 동교로46길 33
010-4563-7830

사슴책방
서울 마포구 동교로46길 33, 1층 102호
010-3203-8092

경기

미스터 버티고
경기도 고양시 일산동구 강송로73번길 8-2
031-902-7837

좋은 날의 책방
경기 성남시 분당구 백현로144번길 22-1, 1층
031-711-3170

5KM북스토어
경기 부천시 경인로 211-1, 3층
032-611-9636

노르웨이의 숲
경기 수원시 장안구 덕영대로417번길
52-9 1층 101호
031-268-0730

인천

한미서점
인천광역시 동구 금곡로 9
032-773-8448

홍예서림
인천 중구 자유공원로 28
070-7766-1102

강원

고양이책방 파피루스
강원도 춘천시 옛경춘로 508-7
070-8817-4592

동아서점
강원 속초시 수복로 108
033-632-1555

깨북
강원 강릉시 정원로 84-6
010-4926-4312

굿라이프
강원 춘천시 미려골길25번길 12
010-6624-8996

대전

도시여행자
대전광역시 중구 보문로260번길 17, 1층
010-9430-2715

도어북스
대전광역시 중구 테미로 48, 1층
042-626-6938

충청

마이 페이버릿 띵스
충북 청주시 상당구 우암산로 19, 2층
010-4925-9966

새한서점
충북 단양군 적성면 현곡본길 46-106
010-9019-8443

광주

공백
광주광역시 남구 봉선1로25번길 1, 1층

라이트라이프
광주광역시 남구 천변좌로418번길 17
010-9578-0811

파종모종
광주광역시 동구 동명로20번길 1, 2층
010-4852-1606

전라

그냥과보통
전라남도 순천시 향교길 39
010-4582-1894

책방심다
전남 순천시 역전장길 32, 1층
070-7528-0726

대구

더폴락
대구광역시 중구 북성로 103-2
010-2977-6533

차방책방
대구광역시 북구 중앙대로 517
053-353-4878

부산

낭독서점 시집
부산광역시 중구 책방골목길 8-1, 1층
051-758-4000

경상

고양이쌤 책방
경남 통영시 광도면 신죽2길 73-10, 1층
055-649-5869

달팽이책방
경상북도 포항시 남구 효자동길10번길 32
070-7532-3316

책봄
경상북도 구미시 산책길31, 지하 1층

제주

라바북스
제주 서귀포시 남원읍 태위로 87, 1층
010-4416-0444

라이킷
제주특별자치도 제주시 칠성로길 42-2, 1층
010-3325-8796

인공위성제주
제주 서귀포시 안덕면 서광남로 123
070-4147-0255

소심한 책방
제주 제주시 구좌읍 종달동길 29-6
070-8147-0848

PUBLISHER
전재국 Jaekook Chun

SUPERVISOR
김용진 Yongjin Kim
정의선 Euiseon Jeong

EDITOR-IN-CHIEF
김주현 Juhyun Kim

EDITOR
성스레 Seure Sung

PHOTOGRAPHER
김광래 Kwangrae Kim

DESIGNER
한명선 Myoungsun Han

MARKETER
사공성 Seong Sagong
신지철 Jichul Shin
정은아 Eunah Jeong

PRINTING
동인AP Dong-in AP

SPECIAL THANKS
김진 Jin Kim
이동은 Dongeun Lee

2017년 8월 25일 창간
등록번호 파주, 라00047

블루진 BLUZINE
경기도 파주시 문발로 171 (문발동, 북씨티) 2F
031-955-5981, www.bluzine.com